Else Müller

# Du spürst unter deinen Füßen das Gras

## Autogenes Training in Phantasie- und Märchenreisen

Vorlesegeschichten



Fischer Taschenbuch Verlag

Limitierte Sonderausgabe
Veröffentlicht im Fischer Taschenbuch Verlag,
einem Unternehmen der S. Fischer Verlag GmbH,
Frankfurt am Main, Februar 2005


Druck und Bindung: Clausen & Bosse, Leck
Printed in Germany
ISBN 3-596-50854-1

# Inhaltsverzeichnis


Einleitung 7

Stress – eine Zeitkrankheit 11

Was ist Autogenes Training? 14
Das vegetative Nervensystem 16
Möglichkeiten des Autogenen Trainings 18

Bedeutung von Märchen für die Entwicklung des Kindes 20

Bedeutung der Phantasie 21

Begriffserklärung »Märchen« 22

Wozu »Phantasie- und Märchenreisen«? 22

Erfahrungen mit den »Phantasie- und Märchenreisen« 25
Erfahrungen mit Kindern 27
Erfahrungen mit Erwachsenen 27

Bemerkungen zu den drei Bereichen der »Phantasie- und Märchenreisen« 29

Anleitungen zum Vorlesen der »Phantasie- und Märchenreisen« 30

Ruhetönung und Ruheformeln 32


## Phantasiereisen


Sandstrand 37 Wiese 39 Boot 41 Insel 43
Berg 45 Schlittenfahrt 47 Waldspaziergang 49
Regentropfen 51 Stadt 53 Stadt aus dem Mittelalter 55
Floßfahrt 57

## Reiseimpressionen

Küstenstraße 61 Römisches Bad in Pompeji 63 Strand in Tunesien 65 Marrakesch 67 Venedig 69 Burano – Insel bei Venedig 71 Torcello – Insel bei Venedig 73 Insel in Dalmatien 75 Klippe 77 Paestum 79 Paestum – Strand 81 Ostermontag 83 Salamander 85 Der alte Hund 87 Die Katze 89 Capri 91 Pompeji 93 Vesuv 95 Herkulaneum 97 Straße am Meer 99 Grotta Smeralda 101 Positano 103 Amalfi 105 Ravello 107 Marina Massa Lubrense 109 Der Weg zurück 111 Siesta in der Sonne 113 Meer 115 Sand in der Hand 117 Kairo 119 Pyramiden 121 Nil 123 Tempel 125 Fellachendorf 127 Koptisches Kloster 129 Wüstenstraße 131 Oase Fayum 133 Im Bazar 135 Moschee 137 Mittag am Meer 139 Abschied 141

## Märchenreisen

Boot mit gläsernem Boden 145 Ballonreise 147 Unter Wasser schwimmen 149 Drachenfliegen 151 Inselerlebnis 153 Erinnerung 157 In einer alten Burg 159 Fliegender Teppich 161 Der gläserne Schmetterling 163 Tautropfen – Zauberkugeln 165 Kugel am Baum 167 Die blaue Blume 169 Zauberbaum 171 Sternenfahrt 173 Mutprobe 175 Angst – das große Tier 177 Erde 179 Spiegelbild 181 Sterne 183 Gedanken 185 Kinderglück 187 Sehnsucht 189

# Einleitung

Diese »Phantasie- und Märchenreisen« sind Geschichten zum Entspannen, Träumen und Erholen.

Schwere-, Wärme-, Ruhe- und Atemübungen des Autogenen Trainings sind so in den Text integriert, daß sie übergangslos vom Zuhörenden »empfangen« werden können. »Ruhetönung« und »Ruheformeln« können noch zusätzlich vorgeschaltet werden, so daß der Zuhörende schon vor Beginn der eigentlichen Geschichte entspannt und aufgeschlossen dafür ist. Übrigens fühlt sich auch der Vorlesende selber dabei entspannt und wohl, die Geschichten wirken auch auf ihn.

Einige Impulse des Autogenen Trainings der Unterstufe, und hierzu gehören die Schwere-, Wärme-, Ruhe- und Atemübungen, wirken auch ohne besondere Vorkenntnisse.

Die poetische, blumige Sprache in den »Phantasie- und Märchenreisen« dient als Transfer für die therapeutischen Implikationen des Autogenen Trainings. Sie verhilft zu den bildhaften Vorstellungen, die schon einen Wert in sich haben, indem sie zusätzlich zu einem tiefen Entspannungs- und Erholungszustand führen, dessen wohltuende Wirkung noch über die Vorlesezeit hinausreicht. Diese Ruhephasen, die einem meditativen Zustand gleichen können, wechseln sich ab mit Bildern der »Bewegung«. Die Spannungsbögen werden immer wieder durch Ruhephasen abgelöst.

Das Vorgelesenbekommen bedeutet für den Zuhörer auch eine emotionale Zuwendung, die durch das anschließende gemeinsame Gespräch über die Erfahrungen, Erlebnisse und Gefühle während der Geschichte noch vertieft wird. Dieses gemeinsame »Erleben« bringt Menschen einander ein Stück näher.

Die freien Seiten neben den »Phantasie- und Märchenreisen« sind für diese Erfahrungen und Gedanken freigehalten worden: Man kann sie »ausmalen« oder »beschreiben«.

Die »Phantasie- und Märchenreisen« sind in drei Bereiche unterteilt:

1. Phantasiereisen
2. Reiseimpressionen
3. Märchenreisen

Im Teil 1 sind schwerpunktmäßig Schwere-, Wärme, Ruhe- und Atemübungen des Autogenen Trainings der Unterstufe enthalten. Diese Geschichten sind auch für Kinder geeignet.

Im Teil 2 sind persönliche Reiseerlebnisse, Impressionen, verarbeitet. Man muß die beschriebenen Orte aber nicht selber kennen, um die entspannende Wirkung zu erfahren. Man kann dabei auch seine eigenen Reisen wiedererleben.

In diese »Reisen« sind Schwere-, Wärme- und Ruheimpulse des Autogenen Trainings der Unterstufe verpackt. Darüber hinaus sind meditative, bewußtseinserweiternde Elemente, die auch Oberstufenübungen des AT entsprechen, eingebunden. Mit einigen dieser »Reisen« wird das Unbewußte des Menschen, das Unterbewußtsein, angesprochen. Es kann bei diesen »Reisen« zu vielschichtigen Erlebnissen und Erfahrungen kommen, die Stoff zum Nachdenken geben.

Teil 3 enthält zum Teil formelhafte Vorsätze des Autogenen Trainings und ebenfalls die Impulse des Unterstufen-AT. Die Erfahrungen, die man mit den Geschichten in diesem Teil machen kann, entsprechen z.T. denen in der Oberstufe des AT.

Bei einigen »Märchenreisen« wird das Unbewußte verstärkt angesprochen. Manches aus dem eigenen Unterbewußtsein wird nach oben gespült, was dem Zuhörenden bisher vielleicht nur nebelhaft bewußt, aber spürbar war. Er kann in der Ruhe während der »Reise« neue Phantasien zum Lösen mancher Probleme entwickeln. Im Alltagstrubel geht diese »Einsicht« oftmals verloren. Es fehlt da außer der Ruhe oft auch die Distanz zum eigenen Problem, beides aber ist nötig zur Klärung und Lösung. Gefühle, Wünsche und Bedürfnisse können während der »Reisen« sichtbarer, fühlbarer werden. Nur was einem bewußt ist, kann man auch verändern. (Manchmal ist dabei auch die Hilfe eines Therapeuten sinnvoll.)

Das alles kann, muß aber nicht durch die »Reisen« geschehen. Es ist wichtig, sich dabei nie unter einen Erfolgszwang zu setzen oder zu große Erwartungen zu haben. »Geschehenlassen« ist die beste Voraussetzung für einen »Erfolg«.

Die positiven, formelhaften Vorsätze des AT, die in manchen Geschichten zu finden sind, fließen während der tiefen Entspannung in das Unterbewußtsein und stärken von dort aus den Menschen. Hier wirkt die »Kraft des positiven Denkens«. Die Selbstheilungskräfte des Menschen können dadurch aktiviert und verstärkt werden.

Der Entspannungs- und Erholungszustand wird durch die mögliche Beschäftigung mit dem Unterbewußtsein nicht gemindert.

Bei einigen Geschichten werden Eltern am besten selber entscheiden, ob sie für ihr Kind geeignet sind.

Die *kursiv* gesetzten Worte sind die therapeutischen Implikationen des Autogenen Trainings der Unterstufe, also Schwere-, Wärme-, Atem- und Ruheübungen. Die <u>unterstrichenen Zeilen</u> enthalten die Implikationen, die das Unbewußte ansprechen können.

Jeder kann sich die Geschichte auswählen, die seinem jeweiligen emotionalen Zustand am besten entspricht. Ist ein großes Ruhe- und Entspannungsbedürfnis vorhanden, wird man zu einer »leichteren« Geschichte greifen. So wird der Stress eine Zeitlang ausgeschaltet, die Ruhe und tiefe Entspannung wirken unmittelbar auf das vegetative Nervensystem ein.

Durch die phantasieanregenden »Reisen« wird der Alltag etwas farbiger und lebendiger. Das Vorlesen und Zuhören macht ganz einfach Freude, und Freude ist eine wichtige Voraussetzung zur körperlich-seelischen Gesundheit.

# Stress – eine Zeitkrankheit

Die Anforderungen unserer hochtechnisierten Gesellschaft an den einzelnen führen bei sehr vielen Menschen zu einer Belastung, die an die physischen und psychischen Grenzen stößt. Der Betroffene gerät aus dem Gleichgewicht; es kommt zu einem Mißverhältnis zwischen Körper, Geist und Seele.

Hektik, Ruhelosigkeit, Reizüberflutung, übersteigerter Leistungsanspruch und Konkurrenzdenken führen zu Dauerbelastungen und Stress, die vorzeitig verschleißen und krankmachen. Einschränkungen in der Selbstverwirklichung und Selbstentfaltung im Beruf und im persönlichen Leben sind die schwerwiegenden Folgen einer solchen Selbstentfremdung.

Die kreativen Möglichkeiten im Leben des Menschen werden reduziert durch Störungen in den zwischenmenschlichen Beziehungen, durch Isolation und Einsamkeit. Schwierigkeiten in Partnerschaft und Ehe, im Zusammenleben von Eltern und Kindern, am Arbeitsplatz, schränken die Arbeits- und Liebesfähigkeit ein und führen in wachsendem Maß zu Lebensunlust.

Von vielen Menschen wird der Stress mit seinen vielfältigen Auswirkungen fast als unabänderlich hingenommen, erlitten. Daß Krankheit der körperliche Ausdruck seelischer Konflikte ist, diesem Zusammenhang wird in der traditionellen Medizin oft nicht ausreichend Rechnung getragen. Dabei ist das Ansteigen von psychosomatischen Erkrankungen erschrekkend. Der Beweis für das enge Zusammenspiel zwischen Körper und Seele ist das Fehlen organischer Befunde: Der Patient leidet subjektiv, obschon objektiv nichts festzustellen ist, was auf eine eindeutig diagnostizierbare »Krankheit« schließen ließe. Damit werden die Symptombehandlungen durch Medikamente unwirksam. Sie können nur lindern, nicht heilen. Als sogenannte Lebenshilfen werden dann oft verstärkt Alkohol, Zigaretten, Tabletten und Drogen eingesetzt. Diese »Hilfen« führen aber immer tiefer in eine Hilflosigkeit.

Das Ansteigen versuchter und vollendeter Selbstmorde, auch bei Kindern und Jugendlichen, zeigt eine erschreckende Hoffnungslosigkeit. Diese Menschen haben die Hoffnung auf wirkungsvolle Hilfen aufgegeben. Sie haben sich aufgegeben.

Die Depression, die zu einer Krankheit unserer Zeit geworden ist, ist häufig eine Folge von Stress. Sie ist außerordentlich schwer in ihrer Ursächlichkeit zu diagnostizieren und damit Therapien schwer zugänglich.

Die Ursachen für psychosomatische und Stresserkrankungen liegen in den Bedingungen der frühkindlichen Erziehung, in den Erfahrungen und Vorbildern im Elternhaus und in den psychosozialen Bedingungen, unter denen Menschen leben müssen.

Repressive Erziehungsformen verhindern weitgehend eine Befriedigung elementarer Bedürfnisse. Eine trieb- und lustfeindliche Erziehung führt zu einer Körperfeindlichkeit, einer emotionaler Blockierung, die sich u. a. in Beziehungs- und Berührungsängsten äußert. Daraus entstehen auch sexuelle Probleme. Wilhelm Reich beschreibt dies in seinem Buch »Die Funktion des Orgasmus« als »Charakterpanzerung« und »orgastische Impotenz«.[1]

Da unsere Zeit betont kopflastig ist, verlieren die Menschen den Kontakt zu ihrem Körper und damit zu sich selbst. Der Körper wird erst dann wahrgenommen, wenn er nicht mehr »funktioniert«. Er bekommt die Funktion einer Maschine, die Leistung zu erbringen hat, zugewiesen. Er reagiert auf diese Forderung »gekränkt«.

Leben heißt nicht, möglichst reibungslos in einem System zu funktionieren, das Leistung und Konkurrenz überbewertet. »Körper haben und nicht Körper sein«, so beschreibt Erich Fromm in »Haben oder Sein« die materialistische, konsumistische Einstellung zum eigenen Körper.

Unsere körperlich-seelische Einheit ist häufig empfindlich gestört. Das innere Gleichgewicht ist aus dem Lot. Der Mensch in der hochtechnisierten Industriewelt lebt nicht mehr in Harmonie mit der Natur, er ist nicht mehr in Harmonie mit sich selbst. Immer mehr Menschen brauchen deshalb psychosoziale Hilfen, die aber leider keineswegs ausreichend zur Verfügung stehen.

Die *»Selbstheilungskräfte«* zu reaktivieren muß Ziel und Aufgabe therapeutischer Interventionen sein. »Hilfen zur Selbsthilfe« sind ein Gebot unserer Zeit. Hierbei geht es aber nicht nur um die Vermittlung von Techniken oder Methoden, mit denen der einzelne Stress und Konflikte besser zu bewältigen lernt, es gilt vor allem, zu einer Einsicht in die eigene Lebenssituation zu verhelfen, damit diese veränderbar wird – das eigene Leben »lebbarer« wird. Psychotherapeutische Behandlung kann die individuelle Entwicklungsfähigkeit, die Entfaltung der Persönlichkeit und die Konfliktfähigkeit fördern und stärken. Das kann aber nur dort gelingen, wo der betroffene Mensch seine einengende Situation erkennt und selbst verändernd eingreift. Die eigenen und auch äußeren Grenzen sind oft weiter, als man sie sich subjektiv steckt. Veränderungen werden jedoch nur dann befriedigend gelingen, wenn der Mensch über mehr innere Ruhe und größere Gelassenheit verfügt. Mit einer positiven Grundhaltung lassen sich Probleme und Konflikte besser bewältigen.

Keine Therapie kann oder will Komplikationen aus dem Leben ausschalten, sie kann aber helfen, mit diesen besser umzugehen, Energien sinnvoll dort einzusetzen, wo sie am dringendsten benötigt werden.

Ein erfolgreicher Weg dorthin ist das Erlernen von *Selbstentspannungsmethoden.* Diese mobilisieren wieder die eigenen, durch Stress und Krankheit blockierten Energien und Kräfte. Das Kräftepotential kann sich somit bedeutend vergrößern.

Für viele Übende der Selbstentspannungsmethoden ist das »Erlebnis Ruhe« eine wahre Sensation. Es ist für sie, und selbst für Kinder und Jugendliche, oft das erste Mal, daß sie sich ganz einfach »wohl«-fühlen, ruhig und entspannt sind.

Eine weitere Erfahrung ist das Loslösen von dem Tages- und Wachbewußtsein. Man erlebt andere Phasen des Bewußtseins, andere Ebenen. Das sind Erlebnisformen, die der Meditation gleichkommen. In dieser »Bewußtseinserweiterung« sieht man die Welt in sich mit mehr Farbigkeit und Glanz. Es entwickelt sich eine neue Dimension des »Sehens«. Man schaut in sich selbst hinein, lernt, sich neu zu sehen und zu erleben.

»Die persönliche Vertiefung des Menschen in sein körperliches Ich, der Weg zum sich Selbst-Erleben und Selbst-Finden ist damit offen«, sagt Prof. Dr. J. H. Schultz, der »Erfinder« des Autogenen Trainings.[2]

Diese Selbstentspannungsmöglichkeiten durch die »Phantasie- und Märchenreisen« können zu einem Gegengewicht zu den hohen Anforderungen unserer Zeit mit all ihren Normen und Zwängen werden.

Freude am Leben ist eine Erfahrung, die der tief entspannte Mensch intensiver und bewußter macht. Selbstentspannung bringt Körper, Geist und Seele wieder in ein besseres Gleichgewicht.

»Es ist besser, eine Kerze anzuzünden, als im Dunklen zu klagen.« Kun fu tse

## Was ist Autogenes Training?

Es ist eine Methode, sich selbst ruhig zu stellen, sich zu entspannen und zu erholen. Autogenes Training greift positiv in das vegetative Nervensystem ein, und somit in die Funktion der Organe.

Autogenes Training, auch kurz AT genannt, ist heute ein anerkanntes Psychotherapieverfahren, das sowohl in der Prophylaxe (Vorbeugung) und Psychohygiene (Seelengesundheitspflege) als auch in der Therapie (Behandlung) angewendet wird.

Im Bereich der Vorbeugung ist AT sehr wirkungsvoll, da es durch regelmäßiges Üben und Anwenden, durch Integration ins tägliche Leben, Stresserkrankungen und psychosomatische Krankheiten weitgehend verhindern kann.

Es ist ein Verfahren, das Erwachsene unabhängig von Alter, Bildungsgrad und sozialem Herkommen und auch Kinder, ab etwa 8 bis 10 Jahren, lernen können.

Der Berliner Nervenarzt J. H. Schultz hat das Autogene Training im Anschluß an Erfahrungen mit der Hypnose und aufbauend auf Experimenten von Oskar Vogt, seines geistigen Vorgängers, mit der »Selbsthypnose« (Autohypnose) entwickelt.

So sprach man denn auch bei dem Autogenen Training von

einer Form der Selbsthypnose (Autos = vom Selbst aus und Gen = werden). Es wird durch systematisches Üben eine Selbstversenkung durch Eigensuggestion erlernt.

Die Versuchspatienten von Oskar Vogt beschrieben die erstaunliche Wirkung, die sie in der von ihnen selbst erreichten Hypnose erlebten: ein Gefühl der Schwere und Wärme und eine tiefe Ruhigstellung und dadurch eine große Erholung des Nervensystems und des Gesamtorganismus.

Schultz erkannte, daß »das Prinzip der Methode darin gegeben ist, durch bestimmte physiologisch-rationale Übungen eine allgemeine *Umschaltung* der Versuchsperson herbeizuführen, die in Analogien zu den älteren fremd-hypnotischen Feststellungen alle Leistungen erlaubt, die den echten suggestiven Zuständen eigentümlich sind«.[3]

Alle von Schultz beobachteten Versuchspersonen erlebten ein subjektives, körperliches Wohlgefühl, das sich in Schwere und Wärme ausdrückte. Die Erkenntnisse, daß dieses Wohlgefühl und damit ein verbessertes Allgemeinbefinden von ihnen selbständig ausgelöst werden konnte, offenbarte die Möglichkeit der Technik des AT, die spezifische *Umschaltung* herbeizuführen. Die physiologischen Vorgänge der *Umschalterlebnisse* sind die Schwere, die durch Muskelentspannung ausgelöst wird, und das Wärmegefühl, das durch eine Gefäßerweiterung und stärkere Durchblutung erreicht wird.

Diese Vorgänge kann man auf die Formel »Entspannung« bringen, die die physiologische Veränderung beschreibt. Waren diese Erlebnisse früher bei der Hypnose Begleiterscheinungen, so erkannte Schultz, daß durch systematisches Üben die *Umschaltung* ein eigenständiger Faktor wurde. Sie wurde so zum eigentlichen Inhalt des Autogenen Trainings. Sie wurde *das* Ziel.

Das subjektive Wohlbefinden der Versuchspersonen äußert sich nun aber nicht nur in der subjektiv empfundenen Ruhe, Schwere und Wärme, sondern es läßt sich an dem gesamten vegetativen Nervensystem sowie an der psychischen Befindlichkeit ablesen. Seele und Körper stehen in ständiger Verbindung und reagieren synchron. Wird das eine belastet, reagiert auch das andere und umgekehrt.

Der grundlegende Unterschied zum Schlaf ist, daß man

diesen nur herbeiführen kann, wenn das »Wollen« ausgeschaltet wird. Der Schlaf wird durch passives Verhalten herbeigeführt, die *Umschaltung* des AT durch aktive Konzentration. Diese Erkenntnis ist deshalb so wichtig, weil viele Menschen ihren Schlaf abends herbeizwingen wollen. Sie sind förmlich verzweifelt, wenn der Schlaf manchmal stundenlang auf sich warten läßt. Sie geraten geradezu in eine Art Panik, im Wissen um ihre morgendliche Unausgeschlafenheit. Der Schlaf wird oftmals überbewertet. Es genügt dem Organismus, für eine gewisse Zeit zumindest, entspannt zu sein. Die muskuläre Entspannung bedeutet auch Erholung für den psychischen Bereich, das vegetative Nervensystem, den Gesamtorganismus. Viele Menschen schlafen zwar problemlos ein, bleiben aber selbst im Schlaf muskulär verspannt. Sie wachen morgens dann meist »verquer« auf, sie fühlen sich unausgeschlafen, obschon die Schlafdauer ausreichend war. Sie nahmen in den Schlaf ihren Stress, ihre Alltagssorgen und Probleme mit hinein, deshalb die körperlich-seelische »Verspannung«, die eine ungenügende Erholung bot.

Der Schlaf ist wie die »Taube auf der Hand, will man sie berühren, fliegt sie davon«.[4]

Nimmt man den Schlaf dagegen nicht so wichtig, so wird er sich meist ganz automatisch einstellen. Im AT wird der erwünschte Zustand der Ruhe und Entspannung durch Konzentration erreicht. Deshalb spricht man auch von der »konzentrativen Selbstentspannung«.

Ein Mensch lebt nur dann gesund, wenn das Wechselspiel von Spannung und Entspannung befriedigend und ausreichend geschieht. Diese Polarität ist aber bei vielen Menschen gestört. Sie bleiben in einer »Dauerspannung«, die man als »Distress«[5], beschreiben kann, dieser hat körperliche und seelische Folgen.

### *Das vegetative Nervensystem*

Unsere Nerven sind recht kompliziert aufgebaut. Man teilt sie in zwei Systeme, das sogenannte animale und das vegetative Nervensystem. Das animale Nervensystem reagiert auf Sinneseindrücke und hilft uns, mit der Umwelt zurechtzukommen. Es ist im Wesentlichen dem Willen unterworfen. Das vegetative Nervensystem besteht aus dem Sympathikus und dem Parasympathikus. Sie sind als Antagonisten im ständigen Wechselspiel. Alle unwillkürlichen Bewegungen und Aktionen von Körperorganen werden von beiden fein aufeinander abgestimmt. Der Sympathikus verbraucht vorwiegend Energien und dient den aktiven Lebensvorgängen; der Parasympathikus hat eine aufbauende, regenerierende, speichernde Wirkung.

Beide Nervensysteme wirken gleichzeitig und können dadurch die Arbeitsteilung der Organe genau bestimmen. Die Organe bekommen »Befehle« von den Nervensystemen. Wenn aber dieses kooperative Zusammenspiel gestört ist, (Stress) kommt es zu vielfältigen Störungen. Diese Krankheitserscheinungen oder Symptome werden als Fehlregulationen des vegetativen Nervensystems bezeichnet. Der Patient verspürt zwar subjektiv Beschwerden, gründliche Untersuchungen zeigen aber keine Organstörungen. Hier kommt es dann zu der häufigen Diagnose: vegetative Dystonie.

Besonders anfällig für Funktionsstörungen ist der Kreislauf. Symptome hierbei sind: Herzklopfen oder Herzrasen, Beklemmungen, Nervosität, Unruhe, Kopfschmerzen, Schwindelgefühl, Magen- und Darmbeschwerden, aber auch Ängste. Diese Symptome sind keine eigentlichen Krankheiten, sondern weisen auf eine Grundstörung hin. Psychische – ungelöste oder verdrängte – Konflikte äußern sich in körperlichen Symptomen. Dies sind dann psychosomatische Erkrankungen, die nicht einfach zu therapieren sind, da die Auffindung des Grundkonflikts oft Jahre intensiver therapeutischer Arbeit bedarf. In jedem Falle ist das seelische Gleichgewicht gestört.

Gesundheit meint nicht nur das Fehlen von Krankheiten, sondern ein pulsierendes Gefühl von Lebendigsein, dem freien Fluß der Körperenergien.

Der Volksmund hat treffende Aussagen über diese Erkrankungen: »Es geht mir an die Nieren« oder »es schlägt mir auf den Magen«.

Die Krankheit kann allerdings auch ihre Ursachen in den sozialen Bedingungen des Betroffenen haben. In allen Fällen sollte die Auffindung der Grundstörung Priorität haben. Und gerade hier gibt es große Lücken in der traditionellen Medizin. Die Zusammenarbeit von Schulmedizin und Psychotherapie ist noch selten, die fachübergreifende Gesundheitspflege noch fast Utopie. Die medizinische Grundausbildung vernachlässigt noch immer den psychosomatischen Bereich. Wenige Ärzte verfügen über ein ausreichendes Wissen um die innerpsychischen Vorgänge und Zusammenhänge, die psychosozialen Faktoren und deren Auswirkung auf den Organismus der Patienten.

### *Möglichkeiten des Autogenen Trainings*

Autogenes Training kann hier eine wirkungsvolle flankierende, aber auch eigenständige Aufgabe übernehmen. Es befreit den Organismus von übergroßer Spannung, dem Distress, entspannt das vegetative Nervensystem. Dadurch werden die belastenden Symptome wesentlich vermindert oder gar abgebaut. Fühlt sich ein Patient, vielleicht das erste Mal nach langer Zeit, ohne Beschwerden, wird er diesen Zustand als so befreiend empfinden, daß er wieder mehr Lebenswillen bekommt und auch den Mut hat, an seinen krankheitsauslösenden Konflikten zu arbeiten. Manchmal benötigt er dazu zwar die Hilfe eines Psychotherapeuten, oft aber ist AT der geeignete und einfachste Weg.

Die breitgefächerten Wirkungsmöglichkeiten des Autogenen Trainings werden jedoch nur spürbar, wenn man dieses konsequent erlernt, täglich, auch in »guten« Tagen, übt. Am sinnvollsten ist es, AT und die damit verbundenen Wirkungen in den Alltag zu integrieren. Hier gehört es dann zu der Psychohygiene. Jeder putzt wohl täglich seine Zähne, warum also nicht auch seine Seele?

Der Erfolg liegt in der Regelmäßigkeit der Übungen. Man lernt AT leichter, wenn man sich nicht gerade in einer akuten Lebenskrise oder Krankheit befindet; leider erinnern sich aber die meisten Menschen erst dann an diese Hilfe. Eine Erwartungshaltung, der Wille zum Erfolg, steht dem Erreichen des Ziels im Wege.

»Wille ist Spannung«.[6] Im AT darf nichts erzwungen

werden. Vielleicht muß man erst einmal lernen, »geschehen lassen« zu können. Hier möchte ich ein Buch empfehlen, das den elementaren Unterschied zu unserem westlichen Leistungsdenken, dem »Machen-Wollen«, und der großen Gelassenheit fernöstlicher Mentalität und Philosophie darlegt. Es ist von Prof. Eugen Herrigel und heißt: Zen in der Kunst des Bogenschießens, erschienen im Otto-Wilhelm Barth-Verlag.

Autogenes Training kann man auch als eine Art Droge benutzen, wenn man damit einzig lästige Symptome beseitigen will, ohne an die Ursachen zu gehen und an die Bearbeitung der möglichen Konflikte. Das Symptom ist jedoch immer ein Signal des Organismus, das man beachten muß. Der Ursache nachzuforschen ist sicher nicht der einfachste Weg, aber der erfolgversprechendste.

Eine wichtige Funktion beim Erlernen von AT hat das beratende, aufklärende und damit therapeutische Gespräch. Es empfiehlt sich deshalb nicht, AT im Alleingang zu lernen, da viele Fragen offen bleiben und es zu unerwünschten Reaktionen kommen kann. Es gibt mannigfache »Irritationen«, die typische Anfangsschwierigkeiten sind und der Klärung bedürfen, da sonst leicht Unsicherheiten oder gar Ängste aufkommen können, die dann meist zu einem frühzeitigen Abbruch des Trainings führen. Außerdem lernt es sich in einer Gruppe leichter, die Gruppe ist eine Art Solidargemeinschaft, die als sehr entlastend empfunden wird. Man ist kein solcher »Versager«, als der man sich manchesmal fühlte, wenn man erst einmal merkt, wie vielen es ähnlich geht wie einem selbst.

Wer einmal die vielseitigen, helfenden Möglichkeiten des AT erlebt hat, wird darauf nicht mehr verzichten wollen. Es wird fast zu einem Teil des eigenen Selbst. Die Grundhaltung des Menschen zu sich selbst und zum Leben wird sich durch AT ändern. Hierbei ist die Kraft des positiven Denkens ein nicht zu unterschätzender Faktor.

# Bedeutung von Märchen für die Entwicklung des Kindes

Erinnern Sie sich an die »Gute-Nacht-Geschichten« in Ihrer Kindheit?

Erinnern Sie sich an die wohltuende und beruhigende Wirkung dieser Geschichten?

Märchen, Sagen, Vorlesegeschichten sind für die Entwicklung eines Kindes von großer Bedeutung. Märchen beschreiben das menschliche Leben in seiner Universalität. Für das Kind ist es eine Beschreibung aller menschlichen Probleme und Gefühle, wie Liebe, Haß, Freude und Traurigkeit, aber auch von Leben und Tod.

Das Märchen beschreibt, daß Leben ein ständiger Kampf ist. Aber die Überwindung von Schwierigkeiten ist eine Herausforderung, die den meisten Märchen zu entnehmen ist.

Friedrich Schiller sagt: »Tiefere Bedeutung liegt in den Märchen meiner Kinderjahre als die Wahrheit, die das Leben lehrt.« (Die Piccolomini, III, 4)[7]

Die Märchenbilder und Symbole entsprechen der inneren, unbewußten Realität eines Kindes. Die Personen in den Märchen erlauben es dem Kind, ambivalente Gefühle, zum Beispiel gegenüber den Eltern oder den Geschwistern, zu übertragen und auszuleben. Es kann seinen zeitweiligen Haß auf die Mutter zum Beispiel auf die böse Fee oder die Hexe übertragen. Es darf die Hexe hassen. Damit kann ein großer Teil der inneren Spannung abgebaut oder abgeführt werden, die entsteht, wenn das Kind sich schuldig fühlt, weil es spürt, daß es die Mutter oder den Vater haßt. Das Kind weiß noch nicht, kann es rational nicht erfassen, daß diese Ambivalenz etwas Natürliches ist. Zur Liebe gehört der Haß, zur Freude gehört die Trauer. Leider weiß dies nicht nur das Kind nicht, es ist auch wenigen Eltern bewußt. Wüßten diese um die Ambivalenz, könnten sie sich und dem Kind helfen, weniger Schuldgefühle zu entwickeln.

Aber es gibt auch positive Übertragungen durch die Identifizierung des Kindes mit einer Heldengestalt, der guten Fee, der Königstochter u.v.a. In der Phantasie des Kindes, in der Imagination, kann es die Heldentaten selbst ausführen, es ist dann stark und erfolgreich, es kann sein Ich durch diese Identifikation stärken. »Ich bin groß, ich bin stark!« Die Hilflosigkeit des Kindes in einer übermächtigen Erwachsenenwelt wird so, zumindest in der Phantasie, relativiert oder vermindert.

Märchen vermitteln Hilfe, Trost, Mut und Anregungen. Sie unterhalten, regen die Phantasie an, wecken die Neugier und lösen emotionale Spannungen.

## Bedeutung der Phantasie

Die Phantasie des Menschen braucht ständiges Training, genau wie die Muskeln, sonst verkümmert sie. Die Phantasie ist ein wichtiger Bestandteil zu einem vielseitigen, in allen Facetten schimmernden Leben.

»Die Abenteuer spielen sich im Kopf ab.«

Aber Phantasie ist etwas, was in der Kindheit gefördert werden muß. Die Anregungen durch die Eltern, die auch die Vermittler zwischen Kind und Märchengeschichten sind, spielen die wichtigste Rolle in der Fähigkeit des Menschen, seine Phantasie zu entwickeln.

Das Kind bewegt sich zwischen Realität, Imagination und Phantasie. Die »magische« Phase des Kindes ist eine wichtige Stufe in seiner Entwicklungsgeschichte.

Die Phantasie ist eine Fähigkeit, die Sinneseindrücke, Bewußtseins- und Erlebnisinhalte so zu kombinieren oder umzugestalten, daß neue Vorstellungsbilder entstehen. Durch Phantasieren und Träumen wird das Bewußtsein erweitert. Es werden aber auch neue Möglichkeiten von Konfliktbewältigung erlebt.

Phantasievolle Menschen erleben ihren Alltag viel farbiger, reicher. Aus vielen Situationen und Begegnungen gewinnen sie neue Anregungen und Reize, die ihre eigene Erlebnisbreite erweitern.

Als Erwachsene haben wir die Erinnerung an unsere Kindheit nicht ganz verloren, und auch deshalb wurden diese »Phantasie- und Märchenreisen« geschrieben.

## Begriffserklärung »Märchen«

In den bisherigen Ausführungen und Schilderungen wird der Begriff Märchen immer wieder benutzt. Es ist wichtig, zu klären, daß es sich bei den vorliegenden Märchenreisen um keine Volks- oder Kunstmärchen handelt.

Märchen dieser Gattung unterscheiden sich wesentlich durch Inhalt, den Verlauf der Erzählung mit seinem meist sehr lehrreichen oder dramatischen Schluß und der moralischen Essenz von den hier dargestellten »Märchenreisen«. Diese sind Geschichten mit »märchenhaften« Bildern, Beschreibungen und Abläufen. Moralischer Wert, chronologische Handlung und effektvoller Schluß sind nicht Inhalt der »Märchenreisen«.

Bildersprache, Spannungsbögen, Impulse und die Ruheformeln des Autogenen Trainings sind die Vermittler zu der gewünschten, programmierten Entspannung, der Möglichkeit zum Träumen und Erholen.

Diese beabsichtigte Wirkung ist intensiver als in den herkömmlichen Märchen, die zwar auch beruhigen können, aber andere Aufgaben und Wirkungen haben.

## Wozu »Phantasie- und Märchenreisen«?

Das Vorlesen der »Phantasie- und Märchenreisen« erinnert vielleicht wieder an die Kindheit, wo Einschlafgeschichten zum festen Ritual gehörten. Wir werden uns gern an die Zeit erinnern, als Eltern oder Großeltern uns das Einschlafen verschönten, indem sie uns Geschichten erzählten oder vorlasen. Wir tauchten durch die Phantasie und Imagination in den Schlaf hinein. Wir nahmen die Bilder der Geschichten in unserer Phantasie mit in den Traum hinein. Es ist beruhigend und tut uns gut, wenn ein uns zugeneigter Mensch Geschichten vorliest, die uns beruhigen, entspannen und zum Träumen anregen.

Dies hat eine große emotionale Wirkung und Bedeutung. In meiner therapeutischen Praxis erlebe ich immer wieder, wie sehr Menschen Zuwendung suchen. Die emotionale, seelische Vereinsamung ist ein Grundübel unserer Zeit.

Ich konnte erleben, wie sich Beziehungen zwischen Eltern und Kindern und auch zwischen Paaren positiv verändert haben, wenn sie sich dieser Zuwendung z. B. durch das Vorlesen der »Phantasie- und Märchenreisen«, die in diesem Buch gesammelt sind, versichert haben. Das anschließende Gespräch über die Erfahrungen und Erlebnisse während der Geschichten geben viel Material für anregende, fruchtbare Gespräche und Diskussionen. Durch dieses Miteinanderreden werden viele Wünsche und Bedürfnisse vielleicht erstmals offen ausgesprochen. Menschen können sich dadurch wieder näherkommen.

Aber bei diesen »Phantasie- und Märchenreisen« geht es nicht nur um die Wiedererweckung schöner Kindheitserlebnisse, sondern auch um eine therapeutische Wirkung durch die Einbindung von Anteilen des Autogenen Trainings. Die positiven Wirkungen von Märchen allgemein werden mit der programmierten Ruhetönung und dem AT sinnvoll verbunden. Die konzentrativen (autosuggestiven) Impulse des AT sind in das bildhafte Geschehen integriert. Sie sind für den Zuhörenden oder »Übenden der Selbstentspannung« einfach nachzuempfinden.

Der Zuhörer »erlebt einen filmartigen Ablauf von Bildern und Bildgruppen, die eine szenische Ordnung haben, dabei ist er auch emotional stark beteiligt«.[8]

Diese Hinwendung auf die »erlebten« Bilder in der eigenen Phantasie bewirken einen tiefen Ruhe- und Erholungszustand. Durch einen herabgesetzten Muskeltonus (Spannung) – Körper und Seele stehen ja in enger Verbindung – kommt es zu einer körperlich-seelischen Entspannung.

Bin ich seelisch verspannt, sind auch meine Muskeln verspannt. Ein geistig seelischer Spannungszustand hat seine Auswirkungen auf den ganzen Organismus. Der gesamte Muskelbereich, also auch die Organmuskeln, befinden sich in erhöhter Spannung.

Aus der Entspannung, die über die »Reisen« vermittelt wird, schöpft der Zuhörende wieder Kraft und Energie. Er füllt seine Reserven wieder auf. Aber auch der Vorlesende selber entspannt sich und wird ebenfalls ruhig.

Es kann keine verbindlichen Anweisungen oder gar Vorschriften für meine »Phantasie- und Märchenreisen« geben.

Sie lösen völlig subjektive Erfahrungen, Gedanken und Gefühle aus. Objektive Deutungen oder gar Wertungen sind nicht möglich, denn es sind emotionale, sehr persönliche und nie übertragbare Erlebnisse, die sie bewirken.

Sie befreien vielleicht ein wenig von der Kopflastigkeit unserer Zeit, in der überproportional versucht wird, alles mit dem Verstand klären zu wollen. Es wird wenig zugelassen, mit den Gefühlen – dem Bauch – zu verstehen. Alles mit dem Kopf klären, deuten zu wollen, ist oft nichts anderes als ein verbales »Ausweichen« vor Gefühlen.

Bei dem Anhören der »Phantasie- und Märchenreisen« wird man sich einlassen müssen, es gibt kein »Ausweichen«.

Die »Phantasie- und Märchenreisen« sind auch eine Form von Meditation durch die gelenkte Phantasie, eine Art Bildmeditation.

Das Bilderleben kann durch gesteuerten oder ungesteuerten Ablauf der Bilder gelenkt werden. Der Zuhörer der »Reisen« kann sich an die vorgegebenen Bilder halten oder aber in seiner eigenen Phantasie spazierengehen. Er wird dann die Stimme des Vorlesenden nur noch als ein beruhigendes Plätschern wahrnehmen.

Durch die »Reisen« kann die eigene Phantasie wieder verstärkt angeregt werden. Somit wird die Erlebnisfähigkeit erweitert.

Mit Drogen vieler Art versuchen Menschen sich eine Welt der Phantasie aufzubauen, in die sie sich vor der sie bedrückenden Realität flüchten wollen. Die »Phantasie- und Märchenreisen« sind keine Flucht, es sind kleine Ausflüge aus dem Alltag heraus. »Reisen« aus dem Stress, zu Inseln großer Ruhe, die sie aus eigener Kraft, ihrer Vorstellungskraft erreichen können.

Es ist für viele Menschen wohltuend, einmal für einige Zeit die bedrängenden Gedanken wegzuschieben und ihrer Phantasie und Imagination freien Lauf zu lassen. Wer bereit ist, offen damit zu »experimentieren«, wird einen fühl- und spürbaren Erfolg verzeichnen.

Unsere Welt ist so nüchtern, oft so kalt, daß ein bißchen Poesie, ein Zurück zu Gefühlen und Phantasie, und auch zu Märchen, eine Bereicherung bedeuten kann.

Durch die vielen genormten, vorgeformten, verformten Bilder in allen Medien verkümmert die eigene Phantasie. Ein Teil der sinnlichen Erfahrungen, die unser »Sehen und Erleben« ausmachen, geht verloren.

Ich muß die Augen schließen, um zu sehen, und nur in der Stille kann ich hören.

In meiner Praxis mußte ich oft erleben, wie schon Kinder um einen wesentlichen Teil ihres Selbst beraubt waren; sie hatten große Teile ihrer Phantasie verloren. Jedes Märchen oder jede Geschichte, die sie hörten, verbanden sie mit Bildern aus Fernsehfilmen oder Heftchen.

Durch regelmäßiges Üben von Selbstentspannung wird man über gesteigerte Kräfte- und Energiereserven verfügen. Durch die größere Ruhe und innere Gelassenheit wird ein besserer Umgang mit Konflikten und Problemen ermöglicht. Man findet wieder zurück zu einem inneren Gleichgewicht.

Die geistigen Möglichkeiten des Menschen sind fast unerschöpflich, die »Phantasie- und Märchenreisen« können helfen, sie zu nutzen und das in jedem ruhende Potential an Selbstheilungskräften zu aktivieren.

## Erfahrungen mit den »Phantasie- und Märchenreisen«

Ich habe mit diesen »Reisen« schon vor ihrer Veröffentlichung eine ganze Weile in meiner therapeutischen Praxis »experimentiert«.

Die Zuhörenden waren Kinder, Jugendliche, Erwachsene und Patienten in einer privaten Nervenklinik. Sie alle kamen aus unterschiedlichen sozialen Schichten und hatten sehr verschiedene Erfahrungen mit Märchen und auch mit Entspannungstraining.

Die Mehrzahl kam aus meinen Kursen für Autogenes Training, Yoga, Bioenergetic, Atemtraining und Meditation. Es waren keine eigentlichen Patienten, sondern Menschen, die unter großem Stress litten, was sich in vielfältigen psychosomatischen Störungen äußerte. Sie alle wollten Methoden der Selbstentspannung lernen. Sie wollten auch ein besseres Selbst-Bewußtsein erlangen und sensibler für ihre wirklichen Bedürfnisse und Empfindungen werden. Sie wollten lernen, im Hier und Jetzt zu leben, Gefühle spontan zu äußern.

Sie hofften, ein Gegengewicht zu dem »entfremdeten« Alltag zu bekommen.

Die Reaktion auf die »Reisen« war ermutigend. Sie reichte von Erstaunen bis hin zur wahren Euphorie.

Selbst bei den Patienten in der Klinik, die ich in einer Gruppentherapie betreute, bekam ich ein sehr gutes Echo. Sie beschrieben den Zustand als »entrückt«, alle aktuellen Probleme für eine Weile beiseite schiebend. Sie atmeten förmlich auf, da sie sonst ständig von ihren Sorgen verfolgt waren, bei Tag und Nacht.

Die verordneten Medikamente hätten unter Umständen die Wirkung der Selbstentspannung aufheben können. Tatsächlich erwies sich das Üben von Autogenem Training dort teilweise als zu schwer, da das Ausschalten der eigenen, fast übermächtigen Problematik, nicht möglich war. Die vorgegebenen Bilder der »Reisen« zwangen jedoch ihre Konzentration auf die eigene Phantasie und weg von ihren Problemen.

Aus allen Teilnehmerkreisen kamen positive und ermutigende Reaktionen. Die Nachfrage nach den »Reisen« war sehr groß.

Menschen, die in meinen Kursen Meditation »erlebt« hatten, mochten sich mit der »gelenkten Phantasie« weniger anfreunden. Ihnen war sie zu einengend, sie fühlten sogar ihre eigene Phantasie blockiert.

Ich war auf die Idee mit diesen »Reisen« gekommen, weil ich in meiner Kindheit gute Erfahrungen mit Einschlafgeschichten gemacht hatte.

Mein Vater erzählte mir vor dem Einschlafen häufig Geschichten. Spannend mußten sie allerdings sein und sogar aufregend. Er las sie auch nicht vor, sondern erfand immer wieder neue. Es waren herrlich lebendige Geschichten von Hexen, Teufeln und deren Großmüttern. Ich liebte diese Märchen sehr und konnte gut danach einschlafen, obschon sie zum Teil recht schauerlich waren. Die Zuwendung meines Vaters durch das Erzählen gab mir das Gefühl der Geborgenheit und Wärme.

Kinder reagierten auf die »Phantasie- und Märchenreisen« sehr spontan und redeten in farbiger Sprache über all das, was sie erlebt hatten.

Dem 9jährigen, sehr unruhigen und nervösen Jungen einer Freundin las ich eines Abends eine meiner Geschichten vor. Er lag im Bett, für seine Verhältnisse früh, und hörte fast begierig zu. Er war dann vor dem Ende schon eingeschlafen. Ich bemerkte dies zwar, getraute mich aber dennoch nicht, mit dem Erzählen aufzuhören, da ich befürchtete, daß er sonst wieder aufwachen würde. Er litt unter großen Einschlafstörungen. Nach diesem positiven Erlebnis mußte seine Mutter ihm nun jeden Abend eine andere »Reise« vorlesen, und solange sie das tat, gab es keinerlei Einschlafschwierigkeiten mehr. Die Ruhe durch die »Reisen« und die verstärkte Zuwendung der Mutter bewirkten diese Wendung.

Zwei Jungen, deren Mutter sie ausnahmsweise einmal mit in eine Gruppenstunde bringen mußte, da der Vater nicht zu Hause war, hatten recht verschiedene Erlebnisse, die sicher nicht nur von ihrem unterschiedlichen Alter herrührten. Der Jüngere, sechs Jahre, lag während der Übung dicht neben seiner Mutter auf einer Matte, hörte interessiert zu, machte aber nicht die Augen zu und fühlte sich nur zum »Stillbleiben« aufgefordert. Sein Bruder, acht Jahre, schloß sehr bald die Augen und wurde körperlich sichtbar ruhiger. Ich hatte den Eindruck, daß er sich in einem tiefen Entspannungszustand befand. Beim späteren Erzählen der Erlebnisse war er in dieser Frauengruppe keinesfalls gehemmt. Er schilderte seine Empfindungen offen und lebendig.

Bei dem Überfliegen der hohen Berge in der Geschichte empfand er das »Freisein«, das »Loslassen« sehr intensiv. Er hätte gern noch weitere Geschichten gehört und wartet gespannt auf das Erscheinen dieses Buches.

## Erfahrungen mit Erwachsenen

Las ich die Geschichten in Frauengruppen vor, die bereits durch die Frauenbewegung sensibilisiert waren, erlebte ich starke Reaktionen. Die »Reisen«, die das Unbewußte ansprachen, berührten sie intensiv. Die Frauen hatten Erlebnisse, die stark mit ihrem persönlichen Leben und ihren Beziehungen zusammenhingen. Über diese Erlebnisse wurde in der Gruppe ausführlich gesprochen. Oft wurden tief verborgene Wünsche, aber auch Ängste offenbar. Viele Kindheitserinnerungen wurden reaktiviert. Es fiel gerade diesen Frauen leichter, über sich und ihre Probleme zu sprechen, als den Teilnehmern der gemischten Gruppen, die nicht »frauenbewegt« waren. Sehr bewegend waren z. B. auch die Erlebnisse einer alten Frau, die während der »Reise« wieder in ihrer alten polnischen Heimat war. Sie sah das Meer, fühlte den Wind, nahm den salzigen Geruch des Meeres wahr und hörte das Schreien der Möwen. Sie war überglücklich. Sie hatte seit vielen Jahren nicht mehr an ihre Heimat und ihre Kindheit gedacht.

Es ist eine häufige Erfahrung, daß man während einer Tiefenentspannung oder Meditation regrediert, das heißt, in frühere Erlebnisse zurückgeht. Das kann schöne, aber auch traurige Erinnerungen auslösen. Immer aber habe ich erlebt, daß die Menschen beides annehmen konnten. Es war für sie ein wichtiges Erlebnis.

Eine junge Frau wollte beim »Reihumerzählen« in der Gruppe unbedingt als erste berichten, was recht ungewöhnlich war, da sie sonst eher zurückhaltend und still war. Sie war jetzt ein wenig aufgeregt, hatte rote Wangen und strahlte geradezu.

Bei der Schilderung einer jugoslawischen Insel, die ich aber nicht namentlich erwähnte, hatte sie sofort das Bild einer Insel vor Augen, wo sie als junges Mädchen ihre Ferien verbrachte. Sie erkannte den kleinen Ort mit seinem Hafen, die Allee, die einer langen grünen Laube glich, die langgestreckte Inselzunge, den Strand mit seinen alten Pinien. Sie sah sich jung und schlank in ihrem Badeanzug wieder und fühlte sich ganz unbeschwert. Das Erinnern an diese schöne Zeit war für sie ein beglückendes Erlebnis, das noch eine ganze Weile nachwirkte.

Die Geschichte mit der gläsernen Kugel brachte einer Frau blitzhafte Einsichten in ihre aktuellen Probleme. Dieses Erkennen verhalf ihr zu der Gewißheit, an der Lösung arbeiten zu können.

Männer im allgemeinen schienen zunächst den »Phantasie-

und Märchenreisen« gegenüber skeptisch. Es paßte so gar nicht in ihr »männliches Bild«: Mann und Märchen. Deshalb war es besonders überraschend, und das nicht nur für mich, wie schnell und auch tief sie sich entspannen konnten, sich auf die Bilder einließen. Ihre Beschreibungen waren zunächst etwas zaghaft; als sie bemerkten, daß niemand sonderlich erstaunt schien, daß halt auch ein Mann Märchen hören und erleben konnte, schilderten sie beredt ihre Erlebnisse.

Ein Patient in der Klinik, der sehr erstaunt den farbigen Schilderungen seiner männlichen Mitpatienten lauschte, meinte: »Ich habe nichts erlebt.« Beim zweiten Vorlesen spürte er den tiefen, erholsamen Entspannungszustand. Er konnte auch von einigen »Bildern« berichten. Bei der darauffolgenden Gruppensitzung schließlich fragte er mich: »Haben Sie die Geschichten heute dabei?«

Ein lieber Freund, der ein tragisches, persönliches Schicksal erlitten hat, sah »überwältigende« Bilder aus seiner Vergangenheit. Er war sehr bewegt, aber nicht eigentlich traurig. Er müsse über vieles nachdenken, und manches erscheine ihm in einem neuen Licht. Da sein persönliches Medium, sich auszudrücken, die Malerei war, setzt er seine Erlebnisse in Bilder um.

Ob diese Geschichten Kindern vorgelesen werden sollen, hängt im wesentlichen auch von dem Verhältnis zwischen Eltern und Kindern ab. In einem offenen, partnerschaftlichen, gesprächsbereiten, repressionsarmen Elternhaus können die Geschichten viel Stoff zum Kommunizieren bieten. Möglicherweise wird manches Problem des Kindes offensichtlicher und kann mit der Hilfe der Eltern bearbeitet werden.

## Bemerkungen zu den drei Bereichen der »Phantasie- und Märchenreisen«

### Teil 1: Phantasiereisen

In diese Geschichten sind die therapeutischen Implikationen oder Impulse des Autogenen Trainings der Unterstufe, wie Schwere-, Wärme-, Atem- und Ruheübungen, eingebunden.

Die *kursiv* gesetzten Worte und Sätze sind die Impulse des AT.

Teil 2: Reiseimpressionen

Auch in diesen Geschichten sind Schwere-, Wärme-, Atem- und Ruheübungen des AT enthalten.

Die *kursiv* gesetzten Worte und Sätze sind die Impulse des AT.

Die unterstrichenen Sätze können über das reine Entspannungstraining hinaus wirken und an das Unbewußte stoßen. Hier sind der eigenen Phantasie keine Grenzen gesetzt. Es sind auch Reisen in das Unbewußte.

In diese »Reisen« sind meditative, bewußtseinserweiternde Elemente, dem Oberstufen-AT ähnlich, eingebunden.

Teil 3: Märchenreisen

Auch in diese Geschichten sind zunächst die Schwere-, Wärme-, Atem- und Ruheübungen des AT eingearbeitet. Die *kursiv* gesetzten Worte und Sätze sind die Impulse des AT.

Die Unterstreichungen bedeuten auch hier wieder, daß man über das reine Entspannungs- und Phantasietraining hinaus in das Unbewußte stoßen kann. In diesen Geschichten wird der Bereich des Unbewußten häufiger als in den vorangegangenen angesprochen. Hierbei können interessante Erfahrungen gemacht werden: Was teilt mir mein Unterbewußtsein mit? Die meditativen, bewußtseinserweiternden Elemente, dem Oberstufen-AT ähnlich, lassen vielschichtige Erfahrungen und Erlebnisse zu.

## Anleitungen zum Vorlesen der »Phantasie- und Märchenreisen«

Man schaffe sich zunächst eine »Insel der Ruhe«, indem man einen ruhigen Raum wählt.

Telefon, Klingel und andere Geräuschquellen werden abgestellt. Dämmriges Licht ist wohltuend.

Der Vorlesende stellt sich ganz auf Ruhe ein. Seine Stimme ist ruhig, langsam und sanft. Er spricht mit einer »Schonstimme«. Die durch » – « angegebenen Pausen im Text einhalten!

Zur »Einschlafgeschichte« wählt man sein Bett als

»Übungsort«. Während anderer Tageszeiten sind auch der Boden, ein bequemer Sessel oder eine Liege geeignet.

Die in die »Reisen« verpackten therapeutischen (konzentrativen = autogenen) Impulse vermitteln Ruhe, Schwere, Wärme und führen zu einer tiefen Entspannung.

Deshalb ist es wichtig, daß sie betont langsam, ruhig und auch etwas monoton vorgelesen werden!

Der Entspannungszustand ist einem meditativen Zustand ähnlich. Das Bewußtsein stellt sich auf die vorgegebenen Bilder der »Reisen« ein. Alle störenden oder belastenden Nebengedanken verschwinden. Die Umwelt wird für einige Zeit vergessen. Der Zuhörende ist ganz »in sich« und seinem Körpergeschehen. Die Ausschaltung des Tages- oder Wachbewußtseins verhilft zu einem Gefühl der Stille.

Diese körperliche und seelische Entspannung führt zu einem tiefen, außerordentlich wohltuenden Erholungszustand und damit zu möglicher Regenerierung.

Die poetische, blumige Sprache ist keine Lyrik, sie dient als Transfer zu der gewünschten Tiefenentspannung.

Die Ruhetönung und Ruheformeln (Seite 32) *können* am Anfang der Geschichte gesprochen werden, sie *müssen* aber nicht vorgegeben werden. Die Geschichten »beruhigen« auch ohne diese, wennschon sie verstärkend wirken.

Nach den »Reisen« sollten Sie über Ihre Gefühle, Gedanken und Erlebnisse, die Sie während des Vorlesens hatten, sprechen. Auch mit Malen können Sie sich ausdrücken. Deshalb wurde in diesem Buch versucht, zu jeder »Reise« eine Seite freizulassen, auf der Sie Ihre Gedanken, Gefühle »ausmalen« oder »aufzeichnen« können.

Tränen bedeuten nicht nur Traurigkeit, sie können während oder nach den Übungen auch als Zeichen der Entspannung oder Entlastung verstanden werden. Sie sollten aber immer miteinander darüber reden.

Die Geschichten sind kein Ersatz für Autogenes Training.

## Ruhetönung und Ruheformeln

Jede der »Phantasie- und Märchenreisen« kann damit eingeleitet werden. Der Zuhörende »fühlt« seinen Körper ganz bewußt und intensiv. Er nimmt seinen Kontakt zum Boden wahr. Er nimmt sich »körperlich« wahr. Er nimmt sich selbstbewußt wahr.

Jetzt spricht der Vorlesende ruhig die Formeln des (modifizierten) Autogenen Trainings:

Du liegst ganz schwer und entspannt auf dem Boden<br>
(oder: Bett, Sessel, auf der Liege)<br>
Du fühlst deinen Körper ganz bewußt und intensiv<br>
Du bist ganz schwer, gelöst und ruhig<br>
Deine Hände und Arme sind ganz schwer<br>
Dein Nacken und deine Schultern sind ganz schwer<br>
Deine Füße und Beine sind ganz schwer<br>
Dein Gesicht ist ganz entspannt und gelöst<br>
Du läßt los<br>
Du gibst alle Spannung ab – weg von dir<br>
Du bist ganz ruhig und entspannt

Jetzt kann der Vorlesende mit der eigentlichen »Reise« beginnen.

Die wichtige »Zurücknahme« nach dem Ende der »Reise«, die den Kreislauf wieder anregt, geschieht, indem man:

tief durchatmet<br>
Fäuste macht, die Arme reckt und streckt<br>
sich rekelt – streckt – gähnt (Spannungsausgleich).

Wird eine »Reise« vor dem Einschlafen (auch als Einschlafhilfe) vorgelesen, unterläßt man die »Zurücknahme« und geht unmittelbar in den Schlaf über.

Die Ruheformeln in den »Reisen« können auch ausgetauscht werden, wenn eine bestimmte Formel besonders gut wirkt.

> *Wichtig*: Die Geschichten langsam vorlesen, damit der Zuhörer genügend Zeit hat, sich in die Bilder einzufühlen.

## *Literaturangaben*

1 Wilhelm Reich, Funktion des Orgasmus. Fischer Taschenbuch Verlag, Frankfurt, $^{2}$1972 (FTB 6752)
2 J. H. Schultz, Das autogene Training. Georg Thieme Verlag, Stuttgart, $^{17}$1982
3 ebd.
4 Bernt Hoffmann, Kleines Handbuch des autogenen Trainings. Deutscher Taschenbuch Verlag, München, 1977 (dtv 3138)
5 Hans Selye, Stress. Lebensregeln vom Entdecker des Stress-Syndroms. Rowohlt Taschenbuch Verlag, Reinbek, $^{2}$1982 (rororo 7072)
6 Bernt Hoffmann, a.a.O.
7 zit. nach Bruno Bettelheim, Kinder brauchen Märchen. Deutscher Taschenbuch Verlag, München, 1980 (dtv 1481)
8 Bernt Hoffmann, a.a.O.

# Phantasiereisen

## *Sandstrand*

Du liegst an einem Strand –
liegst im weichen, zarten Sand –
du fühlst mit deinem Körper diesen weichen, warmen Sand –
an deiner Haut, er ist so weich und warm –

die Sonne scheint –
es ist ein schöner Sommertag –
*du spürst die Wärme auf deiner Haut –*
*auf deinem Körper, überall –*
*es ist ein wohliges Gefühl, diese Wärme zu spüren –*
*die Wärme zieht durch deinen ganzen Körper –*
*Ruhe durchströmt dich –*

du hörst das Meer, sein *ruhiges, gleichmäßiges Rauschen* –
die Wellen gehen auf und ab –
*du spürst deinen Atem, ruhig und gleichmäßig –*
*ein und aus – ein und aus –*
*der Atem paßt sich den Wellen an –*
*ruhig und gleichmäßig – ein und aus – ein und aus –*
*ruhig geht dein Atem – den Wellen gleich –*
*du bist schwer, warm, ruhig und entspannt –*
*ein leichter Wind weht über deine Stirn –*
*du fühlst dich wohl –*
*du bist ganz ruhig und entspannt –*

## *Wiese*

Du bist auf einer großen, weiten Wiese –
du läufst durch diese Wiese –
*du spürst unter deinen Füßen das Gras –*
es ist biegsam, weich, sommerwarm –
du hast Lust, dich ins Gras zu legen –

*du spürst das Gras unter dir, wie eine weiche Decke –*
du siehst die Gräser, viele Arten –
siehst Blumen dort –
kleine Käfer krabbeln gemächlich –
du riechst das Gras, die Erde –
ein Schmetterling schaukelt an dir vorbei –
du siehst, wie schön seine Färbung ist –
die Zeichnung seiner Flügel,
ganz aus Samt scheinen sie zu sein –

du hörst die Bienen summen und schwirren –
du schaust zum Himmel –
du siehst dort oben viel –

*du bist ganz ruhig, gelöst, entspannt –*
*Ruhe durchströmt dich –*
*du bist ganz ruhig und entspannt –*

## *Boot*

Du bist auf dem Meer in einem Boot –
du liegst im Boot, *spürst den warmen Boden aus Holz* –
der Geruch des Holzes, sonnenwarm, ist angenehm –
du spürst das sanfte Schaukeln des Bootes –
*auf und ab – auf und ab –*
*du spürst deinen Atem dem Rhythmus gleich –*
*auf und ab – ist ein und aus –*
*Ruhe ist in dir –*
*du bist schwer, warm, gelöst und ruhig –*

du hörst die Wellen leicht gegen das Boot klatschen –
*das Plätschern ist ganz beruhigend –*
*du bist ganz ruhig und entspannt –*
du hörst das Rauschen des Meeres –

riechst du das Meer?

du schaust zum Himmel –

siehst du Wolken?

du läßt dich treiben –
*du bist ruhig, gelöst, entspannt –*
*es gibt nichts, was dich stört –*
*du fühlst dich wohl in deiner Haut –*

*du bist ganz ruhig und völlig entspannt –*

## *Insel*

Du bist auf einer Insel mitten im Ozean –
*Stille umgibt dich – Ruhe –*

*Sonne – du spürst ihre Wärme –*
*du fühlst sie auf deinen Händen und Armen –*
*die Sonne scheint – auf deine Füße und Beine –*

du läufst mit bloßen Füßen am Strand entlang –
*du spürst den Sand warm an deinen nackten Sohlen –*
*die Wärme strömt durch deinen Körper –*
*Ruhe – Wärme – Ruhe – Wärme – fühlst du –*

das Meer liegt vor dir –
die Wellen bewegen sich auf und ab – auf und ab –
*dein Atem gleicht sich dieser Bewegung an –*
*auf und ab – auf und ab – gleich ein und aus – ein und aus –*
*Atemberg und Atemtal gleich Wellenberg und Wellental –*
*auf und ab – auf und ab –*
*dein Atem geht ruhig und gleichmäßig –*
*es atmet dich – der Atem geschieht –*

hinter dir sind blühende Büsche, Bäume, Palmen –
grünes Dickicht – undurchdringlich?
du willst da durch –
du bist neugierig – mutig?
du willst sehen – erleben –

du hörst Geräusche, Vögel, Zikaden, Tiere –
du bist ganz mutig – du durchdringst das grüne Dickicht –
Düfte – süß – geheimnisvoll –

*Wärme – Licht* – Helle nun –
*Du bist ganz ruhig – gelöst – entspannt –*
*du fühlst dich warm und wohl –*
*du bist ruhig und entspannt –*

## *Berg*

Nach einer langen Wanderung bist du auf der Spitze eines Berges angekommen –

*um dich herum ist Ruhe – klare Luft –*
*du fühlst dich wohl –*
*du bist etwas müde – deine Glieder sind schwer –*
*du ruhst dich aus –*

du schaust dir die Umgebung an –
du siehst die Erde, das Gras, Blumen –
kleine Käfer spazieren gemächlich von Grashalm zu Grashalm –
du hörst das Schwirren und Summen der Mücken und Bienen –
du fühlst das Gras, die Erde unter deinen Füßen –
deine Füße strecken sich müde im Gras aus –

du siehst die weitere Umgebung –
du siehst dir alles genau an –

weit unter dir siehst du Wald, Wiesen, Felder –
Wasser, vielleicht einen kleinen Fluß oder See –

du siehst zum Horizont –

du schaust zum Himmel –

siehst du Wolken?
dann schau nach ihren Formen und Farben –
du siehst, wie sie am Himmel ziehen –

du siehst einen großen Vogel –
mit weit ausgebreiteten Flügeln zieht er große Kreise –
ganz ruhig kreist er –

*du spürst diese Ruhe – die Ruhe ist auch in dir –*
*du bist schwer, warm, gelöst und ruhig –*
*der Atem geht ruhig und gleichmäßig –*
*du bist ganz ruhig und entspannt –*

## *Schlittenfahrt*

Es ist Winter –
du bist in den Bergen –

es liegt hoher Schnee –
die Tannen haben dicke, weiße Hauben –
die Zäune sehen wie Zuckerwerk aus –
die Gräser sind zerbrechliche Halme –

*Über allem liegt eine große Stille –*
*Ruhe, Ruhe ist auch in dir –*
keinen Laut hörst du –

deine Schritte im Schnee sind lautlos –
ein leichtes Knarren deiner Sohlen ist nur zu hören –
du ziehst deinen alten Kinderschlitten hinter dir her –
du hältst die Schnur –
die Hände dick verpackt in wollenen Handschuhen –
du fühlst dich wieder wie ein Kind –

dein Atem weht wie eine kleine, weiße Fahne vor deinem Mund –
du steckst ein wenig Schnee in deinen Mund –
genüßlich lutschst du ihn –
du erinnerst dich: Mutter hat es immer verboten –
noch mehr Schnee schleckst du –

das Steigen zum Gipfel hoch, strengt an –
*du wirst ganz warm –*

du stapfst durch den Schnee –
hier oben ist er noch nicht ganz festgetreten –
*müde wirst du und ganz schwer –*

jetzt bist du oben –
*du läßt dich müde und zufrieden auf deinem Schlitten nieder –*

ein kleiner Anlauf nun, der Schlitten setzt sich in Bewegung –
du rodelst, die Fahrt wird schneller –
die Bäume scheinen an dir vorüberzusausen –
herrlich, und doch ein bißchen Angst?
der Schnee stiebt dir ins Gesicht –
du siehst kaum noch was –
in der richtigen Spur bist du noch –
das fühlst du –
immer schneller wird die Fahrt –
ein kleiner Hopser –
du fällst auf den Schlitten zurück –
atmest auf –
*du atmest ruhig – ein und aus – ein und aus –*
die schnelle Fahrt macht Spaß –
*du fühlst dich glücklich und ganz frei –*
du möchtest jauchzen vor Freude –
schreien vor ein bißchen Angst?

du willst, die Fahrt soll dauern, nicht enden –
immer weiter, weiter möchtest du sausen –

langsam verringert sich nun dein Tempo –
die Fahrt wird langsam, fast gemächlich –
du siehst wieder alles klar vor dir –

*dein Atem ist ruhig und gleichmäßig –*
*du bist schwer, warm und ruhig –*
*du fühlst dich wohl –*
*du bist ganz ruhig und entspannt –*

## *Waldspaziergang*

Du bist in einem Wald –
du stehst auf einem Waldweg aus moosigem Grund –
du hast Zeit und Ruhe, dich umzuschauen –

du siehst den Boden, auf dem du stehst –
du siehst die Erde, das Moos, das Gras, die Pflanzen –

Riechst du den Geruch der Erde, des Grüns?

du stehst vor einem Baum, siehst seinen Stamm –
um ihn herum Büsche, kleine Tannen –

dein Blick gleitet langsam am Stamm empor –
dein Blick bleibt in der dichten Krone hängen –
wieviel Formen haben diese Äste –
die Blätter bewegen sich ganz wenig –

der Himmel schimmert durch die Krone hindurch –

du gehst langsam weiter –
von weitem siehst du eine Lichtung –
du schlenderst auf sie zu –

nun bist du dort –
sie liegt fast rund vor dir, hell und dunkel –

du gehst auf die Wiese –
spürst sie unter deinen Füßen
hinlegen magst du dich vielleicht –

Gezirpe von Grillen –
Zwitschern der Vögel – ihr Singen hörst du –

*alles ist Ruhe –*
*du bist schwer, warm und ruhig –*
*du bist ganz ruhig und entspannt –*

## *Regentropfen*

Du sitzt am Fenster –
der Tag neigt sich dem Ende zu –
*Ruhe um dich herum – Ruhe in dir –*

das Brausen der Großstadt dringt gedämpft zu dir –
es stört dich nicht –
du spähst hinaus –
das Licht ist schon gebrochen –
der Himmel ist tief verhangen mit schweren, grauen
Wolken –
es regnet –
unablässig rinnt der Regen herunter –
du verfolgst die Ketten aus tausend schimmernden Perlen –
Regentropfen –
durch die Lampen der Straße funkeln sie manchmal wie
Kristalle –
sie platzen auf glänzend dunklem Asphalt –
sie rinnen von der Straße dem Gehsteig zu –
dort treffen sich viele – sie werden zu einem Rinnsal –
das Rinnsal wird zu einem kleinen Fluß –
er fließt am Gehsteig eilig entlang –
du kannst nicht sehen, wo er endet –
nicht, wohin die Millionen Tropfen fließen –

Du träumst dir ein Ziel –

*du bist ganz ruhig –*
*du fühlst dich wohl –*
du läßt deine Gedanken und Phantasie ganz frei –
*Ruhe ist in dir –*
*dein Atem geht ruhig und gleichmäßig –*
*du bist ganz ruhig und vollkommen entspannt –*

## *Stadt*

Du bist auf einer Straße in deiner Stadt –

du siehst die Häuser – hoch und grau – selten einmal eine Farbe –
die Fenster wie Augen aus Glas – neugierig –
manchmal dunkle, manchmal leuchtende mit Licht –
du siehst Schatten dahinter huschen –

dort, eine kleine Katze sitzt dicht ans Glas geschmiegt –
sie dreht den Kopf nach dir –
du gehst weiter durch leere Straßen –

die Nacht fällt wie ein dunkles Tuch über diese Stadt –
Regen macht die Straße blank und dunkel glänzend –

Autos fahren vorüber –
kleine Fontänen spritzen auf –
du weichst ihnen aus –
Geräusche begleiten dich auf deinem Weg –
Hupen, Sirenen –
dein Herz klopft – wer ist dort in Not?
*du atmest ruhig durch – ganz ruhig atmest du – du bist ruhig –*

du gehst weiter und freust dich auf den abendlichen Park –
bald bist du dort –

ein Dunkel vor dir – der Park –
ein Geruch fällt dir entgegen –
grün, braun, herb, modrig –
dein Fuß spürt den sandigen Weg –
leicht geht's sich hier –
der Wind rauscht durch die kahlen Äste –
Tropfen fallen auf deine Nase, Stirn –
wie Scherenschnitte sehen die Bäume dort vorne aus –
an den Büschen, an denen die Blüten längst verloren –
hängen pralle rote Früchte, pelzig –
von der Wiese kommt ein erdiger Geruch –
ein fremder Duft, so harzig-süß –

Gruppen stehen in dunklen Schatten –
Flüstern, Wispern –

der Spielplatz liegt wie verloren da –
das Kinderlachen ist nur zu ahnen –
du hast Lust zu schaukeln –
du sitzt auf dem Brett –
zuerst noch zaghaft, dann mutiger schwingst du dich hoch –
auf und ab – auf und ab –
*dein Atem paßt sich dem Schwingen an –*
*ein und aus – ein und aus –*

*es macht dich müde –*

du läufst zurück – *eine wohlige Schwere zieht durch deinen Körper –*
*du bist schwer, warm und ruhig –*
*du bist ruhig und entspannt –*
du freust dich auf dein Zuhause –

## *Stadt aus dem Mittelalter*

Du stehst vor dem alten Stadttor, an der Mauer, die um die Stadt sich zieht –

du siehst von weitem die hohen Türme der Kirchen und der Bewachung –

du trittst nun durch das Tor und stehst ganz unvermutet in der Zeit des Mittelalters –
kleine Häuser säumen die Straße, das Pflaster grau und muggelig –
du siehst noch Spuren der alten Wagen, Karren –
Fachwerk, wie ein Muster an den Fassaden –
die Fenster winzig – die Türen niedrig –

die Straße endet auf dem großen Platz –
er ist so riesig im Verhältnis zu den kleinen Häusern, die du bisher sahst –
das Rathaus, prächtiges Renaissance –
der Turm hoch und schlank –
die Giebel fein verziert –
der ganze Platz gesäumt von großen Häusern, Bürgerpalästen –
die Turmglocke schlägt zur Mittagsstund –
wenig Leute nur noch um dich herum –

du gehst weiter, kommst über viele kleine Plätze, wo Brunnen stehen –

am Ende deiner Stadtdurchquerung auf einer kleinen Anhöhe ein großes Schloß –
du siehst noch, wo einst der Wassergraben es umschloß –
alte, hohe Bäume, du bist sicher, daß sie Jahrhunderte alt sind, viel gesehen haben –

der Wehrgang, schmal und dunkel, zieht sich um die ganze Stadt herum –

dein Blick fällt in das liebliche Tal, in dem ein kleiner Fluß sich windet –
alte Mühlen sind jetzt Stätten der Bewirtung –
am Horizont sind Wälder, dunkelgrün –
der Himmel ist strahlend blau – der Tag ist hell und schön –

du bist im Park und *ruhst dich aus* –
sitzt auf der Bank, an die Platane gelehnt, und siehst auf die Stadt zur einen Seit' – zum Tal zur anderen Seit. –

*du bist ganz ruhig, gelöst, entspannt –*
*der Tag war schön und dir ist wohl –*

## *Floßfahrt*

Du bist auf den Flügeln deiner Phantasie in ein fernes Land geflogen –
inmitten riesiger Regenwälder –
liegst du auf einem Floß –
du spürst das Holz – *es ist warm und ruhig* –

das Floß schwimmt auf dem Strom, der umsäumt ist von Reihen dichter Bäume –
sie spiegeln sich im Wasser –
du siehst die Bewegung des Wassers –
ruhig sind die Wellen – die kleinen Strudeln gleich sich flink bewegen –
*dein Atem geht ruhig – du atmest ein und aus –*
*ein und aus – den Wellen gleich –*

du hörst Geräusche – viele – hell und dunkel –
du ahnst mehr als du weißt, welche Tiere es sind –
Affen – Vögel – Leoparden –

ganz lebendig ist der Wald –
es rauscht und raschelt, faucht und zirpt –
*warm ist dir und ganz wohl –*
es ist so fremd, dieser Fluß und Wald, das Land –
du riechst das Laub, den Moder, das Wasser und die Luft –
bunte Vögel sitzen wie Farbtupfer im Geäst –
Schmetterlinge – tellergroß –
Blüten, wie aus Wachs so unversehrt –
Affen schwingen sich an Lianen von Baum zu Baum –
sie folgen dir neugierig –
ganze Herden sind deine Begleiter –
*sie schaukeln, schwingen wie dein Atem – hin und her, hin und her –*

trotz all dem Fremden, Unbekannten, *fühlst du dich wohl –*
*du bist ganz ruhig, gelöst, entspannt –*
dein Floß wiegt sich weiter auf dem Fluß –

*du bist ganz ruhig, gelöst, entspannt –*

# Reiseimpressionen

*Küstenstraße*

Du bist auf einer Ferieninsel –
weitab vom hektischen Betrieb –

diese Insel, sie ist ein Traum, so schön –
Küstenstraße hoch über dem Meer –
Steilküste aus grauem Stein –
das Land durchzogen von viel Grün –
dem Grün der Pinien – der Olivenbäume –
Olivenhaine – soweit das Auge reicht –
unendlich viele Bäume –
unzählige Zeugen bewegter Jahrhunderte Geschichte –
wieviele Generationen dieser Inselbewohner haben hier geerntet –
tausend Formen kannst du sehen –
knorrig, seltsam und bizarr –
jeder Baum hat eine eigene Gestalt –
Fabelwesen, umschlungene Paare, Tiere, Gesichter –
du wirst es nicht leid, die Formen, oft wie verhaucht, zu erspüren –
sie scheinen lebendig –
sie erzählen dir Geschichten, ihre Geschichte –

du gehst die leere Straße an der Küste entlang –
selten überholt dich ein Wagen –
ein Duft ist in der Luft – wie belebend –
es ist, als sei der ganze Sommer darin eingefangen –
Grillen gehören dazu – das Zwitschern der Vögel –
wie auf ein geheimes Zeichen
verstummen die Zikaden –

*still ist es – ganz still –*
*du fühlst die Stille – die Stille ist auch in dir –*
*du bist ganz ruhig –*
*du fühlst dich wohl –*
nichts ist da, was dich bedrückt –

du gehst langsam weiter –
das Meer tief unter dir ist ruhig und wirklich blau –
die Wellen wehen hin und her –
gekrönt von vielen, kleinen weißen Schaumkronen –
dein Blick findet keine Grenze –

*du spürst diese Weite in dir – die Ruhe –*
*du bist ruhig, gelöst und ganz entspannt –*

## *Römisches Bad in Pompeji*

Du bist in der Stadt, die einst der Vulkan verschluckte –
du freust dich, daß Reste dieser Stadt dir zeigen, wie diese
einmal aussah –

in einem Haus eines Reichen findest du ein prächtiges Bad –
Wände schimmern marmorn –
zarte Farben, Muster ziehen wie Adern durch den Stein –
die Decke aus bunten Mosaiken –
es liegt ein sanftes, warmes Licht über allem –

du träumst dich in die vergangene Zeit –

an langen, goldnen Ketten hängen Lampen –
große Schalen gefüllt mit duftendem Öl – das ruhig brennt –
im Boden ist ein großes, rundes Becken –
gefüllt mit warmem, kräuterduftendem Wasser –
es sprudelt aus goldenen Kranen –

*du liegst in diesem warmen Wasser –*
*ganz wohlig warm ist das Wasser –*
*dir ist warm, wohlig warm –*
*du fühlst dich wohl –*
*ganz sacht schwingst du hin und her –*
*du fühlst an deiner Haut das warme Wasser –*
*ganz wohlig warm ist dir –*
*du fühlst dich wohl –*
*du bist schwer, warm und ganz entspannt –*
*du bist vollkommen entspannt –*

## *Strand in Tunesien*

Ein Strand liegt vor dir, im weiten Bogen geschwungen –
der Sand flimmert und schimmert in gleißendem Licht –
du bist fast geblendet von dieser Helligkeit –
sie ähnelt frisch gefallenem Schnee –
doch *er ist warm, der Sand, ganz warm –*
*deine nackten Füße spüren die Wärme und das Weiche des Sandes –*
es ist ein gutes Gefühl –

du läufst den Strand entlang –
die Menschen hast du weit hinter dir gelassen –
*du bist allein und freust dich über die Ruhe –*
*du fühlst dich ruhig –*

der Strand gehört jetzt dir allein –
du gehst weiter, dem Bogen nach –
neben dir plätschern die Wellen an den Strand –
braune, schmale Blätter liegen zu kleinen Hügeln gehäuft –
sie gleichen Dünen – Dünen aus weichen, modrigen Blättern –

du bückst dich manchmal nach kleinen Muscheln, Steinen –

vor dir siehst du die Sonne –
eine riesige Kugel aus geschmolzenem Gold –
du setzt dich in den warmen Sand –
du schaust zu der Sonne –

die Abenddämmerung beginnt –
die Sonne senkt sich langsam dem Meer entgegen –
sie verändert ihre Farbe –
du siehst viele Schattierungen –
es ist, als ob sie von einer unsichtbaren Schnur gezogen wird –
wie ein Ballon, von Kinderhand gezogen –
sie nähert sich dem Schnittpunkt von Meer und Himmel –

du bleibst sitzen, bis sie verschwunden ist –
bis das Meer sie aufgenommen hat –
die Wärme des Tages vergeht langsam –
*in dir ist eine große Ruhe –*
*du bist ruhig und warm –*
*dein Atem geht ruhig und gleichmäßig –*
*du bist ganz ruhig, gelöst und entspannt –*

## *Marrakesch*

Du stehst auf dem großen, breiten Platz –
es ist wie ein Märchen aus tausend und einer Nacht –
Düfte und Farben wehen dich an –
der hohe, schlanke Turm ist wie ein erhobener Finger –
»schaut her, was hier alles zu sehen ist« –
hinter ihm die Berge, weit am Horizont –
als paßten sie so gar nicht zu dem orientalischen Getümmel –
deine Augen, Ohren, all deine Sinne erobern das Geschehen –
der Platz schäumt über von Leben –

vor dir eine Gruppe von Gauklern –
Kinder schlagen Rad, machen Handstand, balancieren –
die Alten sitzen mit gekreuzten Beinen –
spielen auf Zimbeln, Trommeln und hölzernen Flöten –
es ist eine klagende, monotone, fremde Musik –
später sammeln sie Münzen ein –
es ist wenig, was man ihnen gibt –

dort sind kleine, bunt verkleidete Affen –
an dünne Ketten gebunden müssen sie tanzen –

kleine Öfen, Fettgebackenes schwimmt darin –
Buden, in denen rohes Fleisch hängt –
du wählst dir aus –
es wird gebraten, wie der Fisch nebenan –
viel süßes Backwerk liegt in Körben –
Gewürze, Öle, schwere orientalische Düfte –
süßer Rauch hängt wie ein Tuch über dem Platz –

du sitzt nach all dem Sehen und Laufen
  oben auf der Terrasse des »café de la paix« –
unter dir das Treiben auf dem Platz
  wie ein Theaterspiel – bunt und abwechslungsreich –

*du genießt die Ruhe hier oben auf den kleinen Stühlen* –
aus kleinen Gläsern schlürfst du den süßen Minztee –
*du bist ganz ruhig und entspannt* –

*die Glieder sind dir schwer geworden –*
*du bist schwer, ruhig und gelöst –*

langsam senkt sich die Sonne –
sie rutscht hinter die Allee aus Palmen –

Lichter gehen an –
das Geschehen auf dem großen Platz sieht ganz verändert aus –
es ist wie eine Theaterkulisse, nach einem Szenenwechsel –
Abendfrieden liegt über all dem Treiben –

*du bist ganz ruhig und fühlst dich wohl –*
*dein Atem geht ganz ruhig und gleichmäßig –*
*du bist ganz ruhig und entspannt –*

*Venedig*

Nur zwei Stunden von deiner Heimat entfernt fällst du vom Himmel – aus einem Flugzeug –
in eine andere Welt –
der Flughafen, wie viele andere –
hektisch drängen, stubsen, schieben dich Menschen –
du stehst ein wenig verloren, fragst dich, was soll ich hier? –
doch bald danach in einem Motorboot, nur wenige Leute mit dir –
das Boot schießt durch die schmale Wasserstraße am Airport dem offenen Meer zu – der Märchenstadt entgegen –
schon von weitem scheinst du allen Zauber zu spüren –

er kommt näher dieser Zauber, der Traum von einer Stadt –

du fährst auf verschiedenen Kanälen – biegst in den Canale Grande ein –
wie aus einem Geschichtsbuch liest du rechts und links von den Palästen –
die Sonne spiegelt sich in bleiverglasten Fenstern wider –
unter weißen, steinernen Brücken gleitet das Boot hindurch –
der blaue Himmel färbt das Wasser im Kanal erträglich –
du versuchst zu übersehen, was alles dort schwimmt und treibt –
liegt der Zauber dieser Stadt nicht auch in ihrer Dekadenz? –

du läßt deinen Blick über die Fassaden gleiten –
welch eine Pracht und Verschwendung –
Fassaden geschmückt durch Filigran in Stein –
Bögen, spitz und rund – verziert und glatt –
Balkone, pompös und auch bescheiden –
du siehst sie vor dir, die Reichen dieser vergangenen Zeit –
geschmückt in Samt und Seide –
du ahnst den Neid, den Haß, Intrigen, Leid und Lust –

Karneval vor deinen Augen –
du siehst Masken huschen – wie oft versteckt den Dolch –

du erinnerst dich an Gift, an Mord, doch auch an Musik –
Freude, Tanz, Vergnügen, Lust und Ausschweifung –
du siehst den Reigen der Menschen dieser Zeit –
du siehst sie tanzen auf all den Plätzen –
immer und immer wieder das gleiche Spiel der Vergänglichkeit –

*du fühlst dich wohl – so ruhig und gelöst –*
*du bist ganz ruhig und entspannt –*

## *Burano – Insel bei Venedig*

Viele, viele Menschen am Pier –
endlich bist du auf dem Schiff –
eng stehst du mit anderen –
es gleitet durch den Kanal –
vorbei an der prächtigen, menschenvollen Uferpromenade –
vorbei an großen Schiffen mit Kanonen und Soldaten –
unter einer schmalen Brücke hindurch in ein großes Fort –
Napoleons Soldaten haben hier gelebt – gebaut –
das Fort bewacht von zwei phönizischen Löwen aus Stein –
nach der Enge des Kanals wieder das offene Meer –
der Blick wird frei –

weit voraus ahnst du mehr, als du sie siehst, die Inseln –
Murano, Burano, Torcello, San Francisco, San Michele –
Namen wie Gesang – heiter – nach Sonne klingend –
San Michele – der alte Friedhof von Venedig –
dort findest du Gräber einst berühmter Menschen –
doch schon vergessen fast und verloren –
tausend, abertausend, Schubladen gleich in Mauern,
Gräber von Menschen wie du und ich –
es kommt dich keine Trauer an –
die Sonne vermittelt soviel Wärme und Wohlbehagen –
dir, dem Fremden aus dem kalten, feuchten Norden –
dort sind keine Zypressen, Oleander, Sonne und Meer –

die Insel jetzt, Burano –
putzig kleine, bunte Häuser –
geputzt – zur Schau gestellt –
in Reihen längs den kleinen Kanälen, Grachten gleich –
alles peinlich sauber und geordnet –
wie in Szene gesetzt – Kulissen –

du machst Rast im Café am Kanal –
*nichts stört dich mehr – du bist ruhig und entspannt –*
*eine tiefe Ruhe durchströmt dich –*
*du willst diesen Augenblick festhalten – diese Ruhe –*
*du bist ruhig und vollkommen entspannt –*

## *Torcello – Insel bei Venedig*

Nach einer Fahrt vorbei an San Michele und Murano
hält dein Schiff in Torcello –
der Name klingt schön –
die Insel, klein und kaum höher als das Meer –
sehr wenig Grün nur – zwei, drei Häuser –
im Hintergrund ein Kirchturm, helles, braunes Gemäuer –
du gehst mit wenigen anderen, entlang dem winzig-schmalen
Kanal –
Boote, kleine, liegen dort vertäut –

ein kleiner Platz, links und rechts ein Haus, Paläste –
ein paar Schritte weiter Zeugen hoher Zeit –
ein Rundbau, Kirche, byzantinisch – vollendete Harmonie –
dahinter eckig, herb mit hohem Turm, der Dom –
die Steine lehmbraun – fast unversehrt –
als einzige Zeugen vergangener Zeit –

einer Zeit, als dieser Ort eine blühende Stadt noch war –
niemand weiß, bis heute nicht, warum hier nichts mehr ist –
nur die beiden Kirchen – und zwei Paläste –

in dem Dom die Apsis, von fast überirdischem Zauber, aus
Mosaik –
das ganze Rund strahlend, wirklich strahlend im Dunkel der
Kirche –
Gold, Gold und Farben –
auf goldnem Grund in Blau Maria mit dem Kind –
es berührt dich – diese kostbare Anbetung –
welche Opfer stecken in diesem Prunk –

der Glaube, die Anbetung hat fast tausend Jahre überdauert –
du gehst still wieder in die Sonne –
sitzt auf alten Säulenresten und träumst vor dich hin –

*die Ruhe dieses Ortes spürst, fühlst du – auch in dir –*
du gehst gestärkt von diesem Ort –
weißt nicht wieso –
*du bist so ruhig, gelöst und sehr entspannt –*

## *Insel in Dalmatien*

Insel im Spätherbst –
ohne Touristen, zu manchen Stunden wie ausgestorben –
wolkenloser Himmel –
die Helle blendet fast dein Auge –
das Meer liegt so behäbig da,
   als hätte es seine Sommerpflicht getan –
es ist zufrieden
   für diesen Augenblick –

der Weg zum Strand führt durch eine Allee von gebeugten
   Pinien –
ein ungewohnter, frischer Geruch –
dem Großstadtkind ganz fremd –
herb, harzig, würzig und rein ist der Geruch der Pinien –
sie wachsen runter bis ans Meer –
kein Sand ist hier –
aus glatten Steinen ist der Strand –
eine lange, nadeldünne Landzunge reckt sich ins Meer –
sie besteht nur aus Steinen, abertausend Steinen –
glatt und hell –
keine Menschen hier, wo sich im Sommer alle drängeln –

weiter geht der Pfad am Meer entlang –
er steigt nach oben auf die Klippen –
durch Pinienwald und viele Büsche –
Thymian, Rosmarin und Ginster –
der Duft ist unbeschreiblich –
fast gierig ziehst du ihn ein –
*du fühlst dich wohl –*
*Ruhe durchströmt dich –*

du bist an deinem Ziel –
der Strand ist hier unterteilt in viele kleine Buchten –
ausgewaschenes Gestein – spitz – scharf und grau –
die Buchten geschaffen für zwei und mehr –
du bist dort ganz allein –
liegst auf glatten Steinen – bist dicht am Wasser –

*die Ruhe dringt durch alle Poren –*
*du bist so ruhig, gelöst und entspannt –*
*du fühlst dich wohl – bist ganz warm, ruhig und entspannt –*
du fühlst ein sattes Wohlbehagen, Zufriedenheit und Glück –
es kommt aus dir – aus dir allein –
es ist ein gutes Gefühl von Freisein in dir –
du fühlst dich frei –
*eine große Ruhe durchströmt dich –*
*du bist ganz ruhig, gelöst und entspannt –*
*sonnenwarm ist dir – du fühlst dich wohl –*

## *Klippe*

Du sitzt auf einer Klippe hoch über dem Meer –
du schaust weit über das blaugrün schimmernde Meer –
der Himmel wölbt sich wie ein hohes Zelt
über die glatte Fläche des Wassers –
am Horizont vermischen sich die Farben von Himmel und Meer –
Dunst liegt über ihrem Schnittpunkt –

um dich herum alte, uralte Olivenbäume –
durch die Jahrhunderte seltsam und bizarr geformt –
die Rinde rissig und rauh –
die Blätter grün, von Grau wie überstaubt –
die Früchte fest und glänzend –

Ginster, gelb, wie brennend –
Pinien, ihre Kronen wie Dächer schützend ausgebreitet –
die Erde trocken, aufgesprungen –
kleine Käfer rennen geschäftig hin und her –
Zikaden hocken im Baum –
ihr Zirpen dringt hell in dein Ohr –

du schaust aufs Meer –
die Wellen rollen hin und her – hin und her –
*du spürst, wie dein Atem sich dem Rhythmus anpaßt –*
*hin und her – gleich ein und aus –*
*ruhig geht dein Atem –*
*du bist ganz ruhig – gelöst – entspannt –*

kleine weiße Flecken weit draußen auf dem Meer –
Boote mit Segeln –
weit kannst du schauen – ohne Grenze ist dein Blick –

*du fühlst dich wohl –*
*du bist ganz ruhig, entspannt –*
*sonnenwarm bist du und sehr ruhig –*
*Ruhe durchströmt dich –*

## *Paestum*

Paestum,
ausgelegt mit grünen Matten –

blühender Mandelbaum vor sandfarbenen Säulen –
Tempel der Hera –

du erlebst auf schmalstem Raum: Reinheit in der Form,
  Anmut und Erhabenheit –

winzig stehst du im Tempelinneren,
  Tempel des Nettuno –
  so groß – in der Sonne fast wie Gold –
König der drei Tempel –

Was sind für euch mehr als zweitausend Jahre?
Ein Hauch nur, der über euch wehte –
Eure Schönheit ist bis heute fast unversehrt –
Gerade in dem nicht mehr Bunten, Ganzen,
  ist es für uns Vollkommenheit –

*du liegst auf dem warmen Gras –*
*du riechst die Blüten –*
*du fühlst deinen Atem ganz ruhig –*
*ein und aus – ein und aus –*
*du bist schwer – warm und ruhig –*
*du fühlst die Ruhe durch dich strömen –*
*du fühlst dich wohl – es geht dir gut –*

*Paestum – Strand*

Meer – davor unendlich weiter Strand
  in sanfter Kurve verlaufend –
das Auge sieht ein Ende kaum –

der Sand, fein und gelb –
das Meer ganz ungestüm –
die Wellen hoch und weiß,
  riesig brechen sich die Kronen
  brodelnd kochendem Wasser gleich –
die Gischt schäumt bis zu deinem Gesicht –
salzig spürst du's auf den Lippen –

Du wanderst weiter –
kleine Wellen springen hier in den Sand –
glatt und unberührt erscheint der Strand –
im Sand siehst du eine Spur,
  verlaufend weit am Horizont –

*du bist so ruhig, warm und ganz entspannt –*
*dein Körper ist ganz warm –*
*dein Atem geht so ruhig –*
*du bist ganz ruhig, gelöst, entspannt –*

## *Ostermontag*

Hohe Klippe, steil der Weg hinunter zum Meer –

enggeschmiegt an den Fels der Bucht die Häuser, bunte Boote
liegen davor –

*Menschen sitzen in der Sonne –*

Ostermontag –
Alte und viele Kinder genießen diesen Feiertag –
Familien in Booten rudern fröhlich raus aufs Meer –
Du sitzt auf der Mole, auf Lavastein, genießt
die Feiertagsstimmung –

Du siehst einen Burschen, schmal und braungebrannt –
er zieht Schuh und Strümpfe aus –
steigt vorsichtig vom Stein in eine Wasserkuhle –
er beugt sich tief und bringt mit zitternden
Fingern sein Geschenk –
einen Seestern, noch leise sich bewegend –
er bietet ihn dir an –
er lächelt freundlich, verlangt keinen Dank –

*du bist ganz froh und fühlst dich wohl –*
*du bist so ruhig und entspannt –*
*der Tag war gut und heiter –*
*du bist ganz ruhig und entspannt –*

## *Salamander*

Auf sonnenwarmem Stein ist Bewegung –
Rascheln im Grün, das um die Steine ist –
Ein Tier, ein Urwelttier –
Salamander – der Name ist geheimnisvoll –

das Tier erschrickt vor dir –
warum hat es Angst – was tust du ihm?
ihm gehört der Stein, das magere Grün –
die Sonne scheint für ihn –
du brachst in sein Leben ein –
doch du weißt, daß du nur vorübergehst
und es seinen Frieden wiederfinden wird –

*Ruhe ist in dir – Ruhe – Ruhe –*
*du fühlst dich wohl –*
*du bist entspannt, gelöst und ruhig –*

## *Der alte Hund*

Auf steinigem Pfad, der von alten Mauern gesäumt ist –
liegt ein Hund – er ist nicht mehr jung –
sein Fell ist struppig – er ist mager –
mühsam steht er auf, er kommt auf dich zu –
spürt er Angst?

er drückt seine Schnauze weich an dein Bein –
er bittet um ein bißchen Liebe –
kannst du sie ihm geben?

*in dir ist Ruhe –*
*die Ruhe strömt durch deinen Körper –*
*Ruhe – Ruhe –*

## *Die Katze*

Eine Katze *streckt sich – schnurrt – und fühlt sich wohl –*
ihr Fell glänzt – die Augen wach – sie schaut dich an –
in ihren Augen liegen tausend gelebte Jahre –
verschmäht sie die zum Streicheln bereite Hand?
sie gehört nur sich selbst –

*die Ruhe der Katze – sie überträgt sich auf dich –*
*du bist ganz ruhig – gelöst – entspannt –*

## *Capri*

Die Einfahrt in Marina Grande ist immer wieder schön –
der Weg nach oben, du gehst ihn ganz gemächlich –
*die Sonne tut so gut, du genießt ihre Wärme –*

*die Pfade zwischen all den blühenden Gärten*
*sind still und beschaulich –*
weit weg sind all die Eiligen –

eine Fahrt über die Insel, offen der Wagen,
windig und rauh die Luft –
der Blick saugt sich fest an schönen Winkeln –
unter dir die Grotte, fast kitschig blau –
das Meer davor ganz ruhig, die Wellen plätschern
sanft ans Ufer –
*dein Atem geht ganz ruhig, ein und aus – ein und aus –*
*den Wellen gleich –*

die Piazza – Jahrmarkt der Eitelkeiten –
heute spießig, ohne Einfall, leer und hohl –
dagegen streng und hell, Certosa –
das Kloster mit seinem Belvedere –
von dort der Blick zu den Fragalioni – den beiden Felsen –
ist fast zu schön –

Mittag in den Schenken –
köstlich die Meeresfrüchte, der Wein –
prasselnd, trotz des hellen Sommertags, der Kamin –

*Wohlbehagen hüllt dich ein –*
*du bist so ruhig, gelöst, entspannt –*
*die Wärme zieht wie ein Strom durch deinen Körper –*
*du bist ganz ruhig und entspannt –*

## *Pompeji*

Touristen verbergen fast seine Ruinen –
als Kulisse prächtig der Vesuv,
der einstmals die Stadt verschlang –

wie blühend muß sie gewesen sein –
wie reich die Eigner ihrer Häuser –
du stehst vor einem Tor, du trittst ins Haus –
ein Hof, mit einem Wasserbecken, mehr ein Teich –
umgeben von Säulen, zart und schlank –
ein Rot ist an den Wänden,
wie wir es nie gekannt –
die Bilder lebendig – als sei'n sie grad gemalt –
du glaubst, die Menschen darauf zu kennen –

alles wirkt so heiter – so gar nicht tragisch –
und doch war das Schicksal dort sehr grausam –
im kleinen Museum findest du den Abguß eines
Mannes, gekrümmt vor Schreck in dem Inferno –
ein Hund, fast lebensecht, als wollt' er gleich bellen –

du setzt dich hin im kleinen Garten, der grün
und heiter Zeiten überlebte –

*du spürst die Ruhe, Ruhe auch in dir –*
*du bist ganz ruhig, gelöst und entspannt –*
*die Wärme des Tages spürst du in deinem Körper –*
*du fühlst dich ruhig, warm und wirklich wohl –*

## *Vesuv*

Schwarz und mächtig liegt er vor dir –
kein Wölkchen krönt mehr seines Berges Spitze –
kein Rauch dringt mehr aus des Kraters Schlund –
ist er tot oder schläft er nur?
gewaltig reißt er seine Rachen auf –
du schaust tief in diese Höhle hinein –
du stehst am Rande dieser Tiefe –

noch liegen offen die Straßen des Verderbens da –
dort rührt sich kein Leben mehr, kein Grün –
war es wohl ein letztes Mal? –

*du bist ruhig, schwer und ganz entspannt –*

## *Herkulaneum*

Im späten Mittagslicht liegt die kleine Stadt ganz
  eng, in sich geschlossen da –
auf hohen Pfaden erreicht man sie dort unten –
zauberhaft entbietet sie dir ihren Gruß –

Palmen in Höfen, in Gärten –
die Villen ausgestorben, doch aussehend fast wie gestern noch
  bewohnt –
Fresken, Bilder von ihrem Wesen, ihrem Leben erschließen
  dir ihre Welt –
wie heiter muß ihr Leben gewesen sein?

dicke Krüge, einstmals gefüllt mit rotem Wein,
  an fast allen Ecken ihrer Straßen –
noch sieht man verkohlte Waren, Korn, die Reste
  ihres Holzes, verbrannt vom heißen Lavastrom –
über allem liegt der Schleier warmer Luft –

*du atmest ruhig – ein und aus – ein und aus –*
*du bist ganz ruhig, gelöst, entspannt –*
nichts ist da, was dich bedrückt –
*dir ist so wohl – du fühlst dich wohl –*

## *Straße am Meer*

Straße am Meer nach Positano, Amalfi und Ravello –
Namen wie Musik –

selbst bei grauem Wetter siehst du das Meer türkis –
dahinter unendlich blau –

die Küste so bezaubernd, daß man die hundert
  Kurven fast vergißt –
das Auge ist trunken von traumhaft schönem Anblick –

*du fühlst einen Frieden in dir – Ruhe – Wärme –*
*du fühlst dich wohl – bist ganz ruhig und entspannt –*

## *Grotta Smeralda*

Schon der Name ist verheißend schön –
Smaragd – ein unbeschreibliches Grün –
du bist im kleinen Boot in der Grotte, die einem
Dome gleicht –
Stalaktiten, in vielen Formen und Farben –
Klänge, sphärisch fast, beim Berühren solcher
Tropfsteinsäulen –

dann plötzlich – ein Leuchten – türkisblau –
smaragdhellgrün die Tropfen vom Ruder gleiten –

*Ruhe – Ruhe durchströmt dich –*
*du bist ganz ruhig, warm und ganz entspannt –*

## *Positano*

Im Wettstreit mit Capri? –
ähnlich nur die kleinen Gassen, angefüllt
mit Flitterkram –
doch ganz anders in der äußeren Form –
in die Bucht hineingeschmiegt, am Berg steil
angeklebt, ist diese kleine Stadt –
die Kirche fast auf Sand am Strand –

*Ruhe liegt über diesem Platz –*
*du fühlst diese Ruhe auch in dir –*
*du bist ruhig, warm und ganz entspannt –*

## *Amalfi*

Musik und Anmut verheißt der Name –
Leute, Lachen, Sonne, Freude –

auf dem Domplatz bewunderst du viel Pracht –
der Dom – schwarz-weiß gemustert ist seine Fassade –
verziert mit bunten und goldenen Mosaiken –

ein kleines Peristyl mit zierlich geformten Doppel-
säulen entzückt dein Auge –
Marmorne, reich geschnitzte Sarkophage –
strenge gotische Figurinen –

du sitzt auf weißen Stühlen im Café auf der Straße –
du läßt das Leben an dir vorüberziehen –

*du bist ganz ruhig, gelöst, entspannt –*
*du fühlst dich wohl – es geht dir gut –*

## *Ravello*

Seine Villen Rufollo und Cimbrone aus dem
12. Jahrhundert –
prächtig, unbeschreiblich schön sind ihre Gärten –
es blüht und grünt um dich herum – verschwenderisch,
wie nur die Sonne des Südens das vermag –
die Luft ist klar – wie Glas – doch nicht so kalt –
*Wärme liegt über allem –*
*Wärme auch in dir –*
*Du fühlst dich wohl – bist ruhig und entspannt –*

du gehst nicht, nein, du wandelst in diesem Park –
himmlisch hoch der Belvedere von Cimbrone –
die Tempel, Brunnen und der Innenhof orientalisch
aufgeputzt –

*Heiterkeit liegt über all dem hier –*
*du spürst diese Heiterkeit auch in dir –*
*du fühlst dich wohl – bist ruhig und entspannt –*

## *Marina Massa Lubrense*

Der Weg dorthin durch enge Gassen –
steile Treppen, durch alte Olivenhaine –
Zitronenhaine, Bäume, zartes Grün – gelb die Früchte,
weiß die Blüten –
ein unbeschreiblich schöner, süßer Duft liegt
über allem –
du saugst diesen Duft fast in dich ein –
*Wärme und Ruhe zieht durch dich –*
*du fühlst dich wohl – du bist so ruhig, so entspannt –*

auf deinem Weg wirst du begleitet von der Mauer aus
dickem Stein, die einst die Stadt bewachte –
unvermutet stehst du am Meer –
es ist stürmisch und wild – dann wieder ruhig und sanft –
wie Schaum wirkt das Meer, wenn es den Strand
berührt –
salzig ist die Luft – du schmeckst es auf deiner Zunge –

der Weg zurück auf hoher Küstenstraße wunderschön –
die Abenddämmerung fällt langsam ein –

*du bist so ruhig, gelöst, entspannt –*
*du fühlst dich wohl – es geht dir gut –*

## *Der Weg zurück*

Der Weg zurück mit vielen Kurven –
satt nun dein Auge und dein Geist –
auf diesem Weg an einer Kurve siehst du zu
  beiden Seiten Meer –
den Golf von Sorrent und von Salerno gleichzeitig.

der Weg führt abseits nach Deserto –
ein Franziskanerkloster – hoch auf einem Hügel –

vor dir, im spiegelnden Abendlicht – Capri –
zum Greifen nahe scheinen dir die Fragalioni –
die Brüder – spitze Felsen im Meer – wie Hauben –
das Meer erhellt von einem Sonnenstrahl –
es glitzert wie tausend Diamanten –

der Golf von Sorrent ist jetzt ganz nah –
das Meer einmal wild und dann so sanft –

die Fahrt zurück im schimmernden Abendlicht,
  *erfüllt dich mit satter Zufriedenheit –*
*der Tag war schön –*
*du fühlst dich so wohl, ganz ruhig und entspannt –*

## *Siesta in der Sonne*

Auf glattem Holzsteg,
über springenden, glucksenden Wellen
liegst du –
*des Mittags Sonne über dir –*

warm das Holz der Planken unter dir –
*die Sonne streichelt deine Haut –*
*es tut so gut, die Wärme, Ruhe –*
*du liegst und träumst –*

*du fühlst dich wohl –*
*du bist ganz ruhig und entspannt –*
du träumst ...

## *Meer*

Meer – seine Sprache fesselt dich –
es flüstert – schreit und tobt –
es ist überwältigend, wenn es unbeherrscht seine Wellen
zum Ufer schickt –
unberechenbar – mal tosend – mal ganz sanft,
einem Spiegel gleich –

du gehst auf es ein –
sind deine Gefühle ähnlich?

Lauf mit den Wellen um die Wette –

*Später liegst du im warmen Sand und träumst –*

*du fühlst dich wohl – du bist ganz ruhig –*
*warm – gelöst und ganz entspannt –*

## *Sand in der Hand*

*Warmer Sand in deiner Hand –*
*du spürst seine Wärme bis in deine Seele –*

du hebst die Hand – er rieselt über deine Finger –
er ist warm und zart wie Spinnenweb' –

du fühlst dein Blut – lebendig und warm –
*du fühlst dich wohl –*

*eine große Ruhe ist in dir –*
*Ruhe – Ruhe – Ruhe –*

Eine Stadt, scheinbar ohne Grenzen –
10 Millionen Menschen leben dort –
leben scheint dir fragwürdig – Armut überrollt dich –
Grau, Staub, Lärm scheinen Synonyme für diese Stadt –
selbst die Palmen, spärlich und selten, sind rauh vom Staub –
bieten dir wenig Gefühl von Orient –
Menschen, Autos, schrilles Hupen –

der erste Weg führt ins Museum – weltberühmt –
seine Schätze sind nicht mehr zu zählen –
ein Kleinod – das Grab des Tutenchamon –
die Schätze des einstmals unversehrten Grabes
im Tal der Könige – in unermeßlicher Fülle liegen sie vor dir –

wenig Menschen in der frühen Stunde dieses Tages –
du sitzt auf einem Holzstuhl wie gebannt –
dein Auge versenkt sich in all die Pracht –
*du spürst die Ruhe*, die dich erstmalig in dieser Stadt umgibt –
*diese Ruhe strömt durch deinen Körper –*

du siehst die Möbel, mit denen sich vor Tausenden von Jahren der Pharao umgab –
sein Thron in Gold und Farben zwang ihm Haltung auf –
der Schmuck, die Masken sind pures Gold –

es gibt so viel zu sehen –
du sitzt davor und läßt an deinem inneren Auge viertausend Jahre vorüberziehen –

*du sitzt so ruhig, still versunken –*

*du spürst die Ruhe im Museum, einem Tempel gleich –*
*du spürst diese Ruhe auch in dir –*
*du bist ganz ruhig, gelöst, entspannt –*

## *Pyramiden*

Du stehst nach vielen Jahren Warten nun endlich dort –
es ist ein Ort, der dir trotzdem fremd erscheint –
auf tausend Bildern schon sah man diese Giganten aus Stein –
es ist ein früher Morgen – kein Fremder außer dir
scheint hier zu sein –

*die Sonne wärmt ganz zaghaft erst –*
*doch es wird wärmer von Minute zu Minute –*
*bis es ganz wohlig warm hier ist –*
*ich bin ganz warm und fast fröhlich jetzt –*

du läufst zur ersten Pyramide hin –
du stehst vor Cheops Totentempel ganz winzig klein –
die einzelnen Steine sind so groß wie du –
um vieles größer noch türmen sich Millionen Steine auf –
es türmt sich vor dir auf, du denkst wohl bis zum Himmel –
das Blau darüber ist wie Glas so klar –

was haben Menschenhände hier vollbracht –
du siehst im Geist die Armen sich mühen –
Ketten von Sklaven schleppen Stein auf Stein –
die Sonne macht ihre Kehle eng –
zum ewigen Leben braucht's wohl diese Größe –
war's maßlos oder gigantisch?
die Ruhe, ob der Pharao sie fand?
wieviele Generationen standen hier schon staunend davor –
dir fällt Napoleon noch ein –
doch auch er und seine Söldner vermochten nicht
zu zerstören – obschon die Wunden an der Sphynx die
Harmonie verletzen –

du umrundest alle Gräberfelder – die tief oft in den
Felsen sind –
bescheiden sind die Gräber der Frauen –
wenig Fremde verirren sich dorthin –

du stehst auf einem kleinen Fels und siehst die Pyramiden
hinter dir – die Stadt im Dunst vor deinen Füßen –
im Westen – ganz nah zu sehen – die Wüste, die sich
weit ins Land erstreckt –

*du ruhst dich aus – du sitzt im warmen Sand –*
*du fühlst diese Wärme durch dich fließen –*
*du bist ganz ruhig, gelöst und auch entspannt –*

# *Nil*

Der Fluß, von dem du viel gehört –
er fließt von Süd nach Nord durch viele Länder –
in Ägypten ist nur Lebensraum dicht um ihn herum –
fast wie eine unendlich große, langgestreckte Oase,
die ihr Leben vom Fluß bezieht –

du sitzt am Ufer im alten Theben, der Königsstadt, die
heute Luxor genannt wird –
der Fluß bewegt sich träge, ruhig –
die Segel der Boote blähen sich und geben Fahrt –
Palmen und Papyros säumen das Ufer –
das Tal der Könige am anderen Ufer – behütet von hohem
Fels –
Eisvögel schnellen in die Luft –

die Sonne, die bisher so warm, neigt sich der Erde zu –
du blickst gebannt, was nun vor dir erscheint –
ein Farbenspiel von ungeahnter Pracht –
zuerst zart grün, türkis, dann lichtes Blau – pastell –
nun wechselt es in grell-gelb, orange und rot –
du schaust und schaust, dein Blick saugt sich beinahe fest –
es ist, als ob der Himmel brennt –
die Farben schweben um dich herum –
es ist, als würdest du in alle Farben tauchen –

*eine tiefe Ruhe strömt durch dich –*

## *Tempel*

Du steigst vom Tale aufwärts und siehst, eingebettet
in die breite Felswand, den Tempel der Königin –
Hatschepsut war wohl ihr Name –

der Tempel so fein gegliedert, wie Filigran von weitem –
Arkaden, Balustraden über die gesamte Breite –
der Stein in Farbe dem Felsen gleich –
eine Huldigung auch an die Frau von einem Mann,
der Minister, Baumeister und Geliebter war –
beide hielten lange die Geschicke des Landes in ihren
Händen –

die Frau – sie war umgeben von so viel Haß, Intrigen, Neid –
selbst ihre Familie spann die Mißgunst wie ein Spinnengeweb,
in dem sie sich verfing –
sie litt viel Leid, erlebte auch Triumphe –

Tempelwände zeigen Leben und Geschichte dieser Zeit –
die Farben noch so leuchtend, als seien sie erst gestern
gemalt und nicht vor vielen tausend Jahren –
die Figur der Königin ist ausgemeißelt – in ihrer Zeit schon
ist dies geschehen –
ihr Bild ist fort – der Nachwelt fast entzogen –
doch trotzdem wissen wir von ihrer Zeit, dem Können, ihrer
Menschlichkeit –
sie ist unsterblich auch für uns –

der Tempel ist einzig *Ruhe, Harmonie und Schönheit* –
ein Denkmal auch einer großen Liebe –
es rührt dich an, es bewegt dein Herz –
was ist schon so ein Stückchen Leben?
wie schnell verrinnt die Zeit –
mach was draus, verlier nicht Zeit und Phantasie –
*laß in die Ruhe dich nun gleiten* –
träum den Traum dir weiter –

## *Fellachendorf*

Es ist fast Abend –
du kamst über den Fluß in das Dorf –
Kinder begleiten dich fröhlich auf dem Weg –
sie weisen dir an Zuckerrohr vorbei den Eingang zu ihrem Dorf –

du fragst dich, bin ich im Hier und Jetzt oder steh' ich in einer anderen Zeit?
die Felder, Hütten, Häuser, Palmen, Wassergräben, das alles war schon immer so, nichts scheint hier verändert –
die neue Zeit, wie lange wird sie noch vorüberziehen –
wie lange bleiben die Menschen hier mit sich und der Natur im Einklang –

du nimmst mit leichter Wehmut Abschied von diesem Platz, den Menschen, die dir mit soviel Freundlichkeit entgegenkamen –

du gehst zurück in deinen Alltag –
wie sieht er aus?
wie wird es weitergehen?
spinn den Gedanken dir nun weiter

## *Koptisches Kloster*

Auf einem Hügel gegenüber Assuan siehst du die Stadt – den Fluß –
Boote mit weißen Segeln bewegen sich langsam fort –

du bist im Gräberfeld am Berg, die Füße tief im Sand –
*du fühlst ihn warm an deinen Füßen –*
es sind nicht Gräber von höchsten Würdenträgern,
Soldaten warten hier auf neues Leben in einer anderen Welt –
du siehst die Rinne, die vom Fluß nach oben führt –
hier wurden Sarkophage zur ewigen Ruhe heraufgezogen –
dicht unten an den Berg geschmiegt, ein kleines Nubierdorf –
umschlossen von einer Mauer –

du wendest dich nach Süden – weit liegt die Wüste vor dir –
über dir kreisen Pelikane, so viele, wie du nie gesehen –

in weiter Ferne, einer Fatamorgana gleich, ein koptisches Kloster –
fast eine kleine Stadt mit Mauern zu ihrem Schutz –
es ist verlassen seit sechshundert Jahren –
es versiegte, was dort Leben gab – Wasser hörte auf zu sprudeln,
die Mönche zogen weiter – wohin? wer weiß –

der Weg zum Kloster scheint lang – du machst dich auf –
die Wüste beginnt – es wird ein langer Weg –
*die Sonne ist angenehm – ein leichter Wind kühlt dir die Stirn –*

du überwindest kleine Hügel aus Sand und Stein –
das Licht ist hell – es dringt durch alle Poren –
du fühlst das Licht – die Helle auch in dir –
ein Gefühl von Weite sprengt dir fast die Brust –
du fühlst dich frei –
du hast viel Raum –

das Kloster kommt jetzt näher – es ist sehr schön –
Lehmziegel, geformt aus dem Schlamm des Nils –
du trittst durch ein zerfallendes Tor –
ein alter Mann begrüßt dich –
du siehst noch überall die Spuren der Mönche, die hier gelebt –

*es liegt viel Ruhe in dieser Verlassenheit –*
*sie macht nicht Angst – sie gibt dir Ruhe –*
*die Ruhe, die du mit dir nimmst in deinen Alltag –*

## *Wüstenstraße*

Du fährst auf einer Wüstenstraße, die zur Oase führt –
der Sand gleißt buttergelb zu beiden Seiten –
soweit das Auge reicht siehst du nur Sand –
*es ist so ruhig – auch in dir –*

in diese Ruhe eine kleine Bewegung –
ein Tier springt vor uns auf –
nur wenig dunkler als der Sand, aus dem es kam –
es ist ein Wüstenfuchs mit buschig-wehendem Schwanz –
er läuft geradewegs zur Wüste hin –

*nun ist wieder Ruhe da – in dir und draußen –*
*du fühlst dich so ruhig –*

der Blick verweilt auf ständig gleichem Bild –
Wüste ohne Grenze –
der Blick versinkt ins Grenzenlose –
die Weite spürst du auch in dir –
*Ruhe hüllt dich ein –*

## *Oase Fayum*

Auf Wüstenstraße durch hellen Sand –
der Weg schnurgerade, soweit man schauen kann –
nach langer Zeit am Horizont das erste Grün –
Palmen und das Blitzen eines Sees –
wir nähern uns dem See, der gemächlich an das Ufer schwappt –
Vögel im Schilf – Reiher fliegen auf –
kein Ort, kein Haus, alles scheint ganz menschenleer –

am Ende des Sees ein winzig kleiner Ort –
nur ein paar Hütten, aus Lehm gebaut –
Kinder spielen im Sand davor –
sie sind so bunt gekleidet, in Farben, die unserem Auge fremd –
sie lachen fröhlich – schreien »Bakschisch«
betteln, doch ist es mehr ein Spiel –

Frauen stehen am Wasserspender – Tonkrüge auf dem Kopf –
mit Anmut schreiten sie davon, sie blicken uns kaum an –
Fremde, sie sich in diese Welt, die ihre, wohl verirrten –

wir ziehen weiter –
ein kleiner Fluß begleitet unseren Weg –
lehmgraue Hütten am Ufer – das Leben dort in großer Ruhe –

Taubenhäuser aus Lehm am Wegrand – ganz bizarr –
Kegel über Kegel – aus Lehm – aufeinandergetürmt –
wie Burgen fremder Völker sehen sie aus –
aus runden Löchern flattert's wild und weiß –
Tauben, viele Tauben suchen ihre Bahn, um sie zu fliegen –

weiter des Wegs, Felder – dürr und arm –
ein altes Wasserrad aus Holz bewegt von einer dünnen Kuh –
die Augen verbunden, dreht sie unermüdlich Kreis um Kreis –
was schon sind hier tausend Jahre –
ein Nichts – ein Tropfen, der im Sand verrinnt –
*die Ruhe dieser Landschaft ist so groß –*
*du fühlst sie in dir – bist ruhig, gelöst und ganz entspannt –*

## *Im Bazar*

Du stehst in engen Gäßchen, die den Bazar durchziehen –
du läßt den anderen an dir vorbei –
Düfte wehen dich an –

es hämmert, klopft, ruft, lacht und schreit –
das Leben ist hier prall und voll –
die Menschen in langen Gewändern, mit dem Turban auf
ihrem Kopf, gehen – nein – schreiten davon –

die Händler, sie zeigen ihre Waren –
sie bieten Tee und auch Interesse, dir, dem Fremden –
es ist so kunterbunt – Talmi, Schmuck und edle Steine –
Teppiche, Stoffe, Gerät für Haus und Feld –

du bist jetzt im engen Gäßchen der Händler mit duftenden
Ölen –
sie preisen dir Geheimnisse des Orients an –
schwere Parfüme und Öle – Hexenkunst und Zauberei?

du gehst weiter –
eine Garküche breitet leckere Speisen aus –
du wählst und spürst den Hunger –
du kehrst dort ein –

du setzt dich nieder auf feingeknüpften Teppich –
du ruhst dich aus von all dem Treiben, dem Lärm der
Gassen –

*du spürst, wie müde du geworden bist –*
*du ruhst dich aus, die Glieder werden dir ganz schwer –*
*du bist entspannt, gelöst und ruhig –*
*du läßt dich in diese Ruhe fallen –*
*die Ruhe bist jetzt du –*

## *Moschee*

Schon von weitem siehst du die schlanken Minarette –
die Kuppel der Moschee blinkt im Sonnenlicht –

du stehst vor dem Gebetshaus der Moslems –
doch auch Treffpunkt und Versammlungsort –
wie anders das Gotteshaus in deiner Heimat –
fremd und sehr geheimnisvoll erscheint dieses dir –
verspielt in der Form, doch auch erhaben –
es steht fest auf scheinbar sicherem Grund –

du gehst in den Hof – der Brunnen für die Waschung –
Ritual fünfmal am Tage –

du streifst die Schuhe ab und Filzpantoffeln über –
so schlurfst du mehr, als daß du gehst, hinein –
du blickst erstaunt auf all die Pracht –

der Stuck, ganz fein gemeißelt, Teppiche, schmiedeeiserne
  Lampen an langen Ketten –
Fenster aus Alabaster –
das Licht ganz unwirklich getönt –
*du spürst die Meditation durch das Gebet –*

du setzt dich auf den Boden, weich unter dir der Teppich –
*du läßt die Aura dieses Raumes auf dich wirken –*
*du spürst, wie Ruhe dich durchströmt –*

Gedanken kommen und gehen
du läßt es zu, was dich bewegt –
du kannst dich diesem Zauber nicht entziehen –

## *Mittag am Meer*

Nach einem kurzen Lauf am Strand entlang bist du in einem
Rasthaus, das über der Klippe steht –
die offene Veranda mit dem schönen weiten Blick aufs Meer
ist heut' zu kühl zum Sitzen –

du gehst ins Haus –
am offenen Feuer der Küche vorbei –
viele Meeresfrüchte sind appetitlich vor dir ausgebreitet –
die Wahl, sie fällt dir schwer –
du wählst den Fisch, dessen Schuppen silbern glänzen –
der freundliche Kellner bringt das Brot, den Wein –
du bist nun hungrig – freust dich mit anderen auf das Mahl –

nach einer kleinen Weile, die mit munterem Geplauder schnell
vergeht, wird auf großer Platte der Fisch gebracht –
es duftet köstlich – es schmeckt ganz herrlich –
*du fühlst dich so wohl*, daß du am liebsten singen möchtest –
der rosa Wein – ganz kühl im Glas – ist hier gekeltert –
er ist herb und rein –
deine Stimmung ist dem Alltag ganz entrückt –
*du fühlst dich wohl und ganz gelöst* –

der Blick aufs Meer fesselt immer wieder deinen Blick –
das Blau des Raumes gleicht dem Meer, dem Himmel –
du fühlst, wie dich das Blau umhüllt –
du bist vielleicht jetzt Meer und Himmel, ein einzig Blau –

## *Abschied*

Der letzte Tag – die letzte Nacht im fremden Land –
du fährst hinaus zu den Pyramiden –
der Weg aus der Stadt ist weit –
von ferne auf der breiten Straße siehst du die kleinen
Spitzen der Pyramiden –

du kommst näher und meinst, sie wachsen aus dem Boden –
Monumente, gigantisch groß – in sanftes Licht getaucht –
die Schatten wachsen ins Unendliche –

der Nachthimmel über dir ist klar –
Sterne leuchten, so hell, wie du sie kaum je gesehen –
kein Mensch ist weit und breit zu sehen –

du gehst auf Sand, *der noch warm vom Tag* – ganz leicht und
recht beschwingt –
es ist so schön hier draußen, ganz nah bei der großen Stadt –
daß fast die Worte fehlen –

du fühlst dich eins – mit dem Jetzt und Hier, dem Früher und
der Zukunft –
du fühlst dich eins mit dem Sand, den Sternen, dem Himmel,
der Geschichte, der Vergangenheit –
*ein Gefühl des Friedens – Gleichgewicht – durchzieht dich –*
es ist so einsam – es macht nicht Angst –
*du fühlst dich wohl – befreit von Alltagskram –*
du bist ein Staubkorn in der Unendlichkeit –

# Märchenreisen

## *Boot mit gläsernem Boden*

Du bist in einem fernen Land –

du liegst in einem Boot mit gläsernem Boden –
das Meer ist ruhig –
das Boot schaukelt ganz sacht –

*dein Atem geht ruhig – ein und aus – ein und aus –*
*du fühlst dich gelöst – entspannt –*

du schaust durch den gläsernen Boden –
dein Blick durchdringt das Wasser –
Fische, ganze Schwärme von Fischen ziehen vorüber –
kleine, große, bunte, bizarre –
sie bewegen sich flink –
sie flitzen hin und her –
nach einem geheimen Kommando kehren sie um –
die großen bewegen sich anmutig, langsam –
Seetang schwingt *hin und her – hin und her* –

du schaust bis zum Grund –
du schaust dir alles an –
du siehst so viel –

*du fühlst dich wohl –*
*in dir ist eine große Ruhe –*
*du bist ganz ruhig und entspannt –*

*Ballonreise*

Du bist auf einer großen, weiten Wiese –
du läufst auf dieser Wiese mit bloßen Füßen –
du spürst das Gras unter deinen Sohlen –
du fühlst das Gras, die Erde – *sonnenwarm* –

von weitem siehst du einen großen Ballon auf der Wiese ankern –
du gehst ihm neugierig entgegen –
jetzt hast du ihn erreicht –
groß ist er – er schaukelt leicht im Wind, an einem Seil vertäut –
die Gondel ist ein geflochtener Korb –
du stehst dicht davor –

nun steigst du ein –
die Taue werden gelöst – langsam hebt er vom Boden ab –
du schwebst ganz sacht nach oben – immer höher –
du spürst die Luft, die an dir vorüberrauscht –
*es ist still – ganz still hier oben –*
*du spürst deinen Atem – ganz ruhig und gleichmäßig –*
*ein und aus – ein und aus –*
*du bist ganz ruhig –*

der Ballon steigt höher – immer höher –
die Wiese unter dir wird ganz klein –
wie gemalt wirkt sie – mit vielen Grüntönen –
die Menschen winken hinauf – sie sind wie Punkte –
langsam schwebt der Ballon weiter –

er schwebt über einem Wald – Tannen, dunkelgrüne –
Laubbäume, dicht und helles Grün –
Wasser blinkt dort unten auf –
ein kleiner Fluß oder See –

ein Dorf, wie aus dem Märchenbuch –
wie aus einer Spielzeugschachtel zusammengestellt liegt es da –

du siehst die Tiere auf der Weide –
weiße Punkte sind Enten, Gänse –

weit vor dir erheben sich behäbig dicke, hohe Berge –
du schwebst auf sie zu –
ganz nah kommst du ihnen –
du schwebst in deinem Ballon an ihnen vorüber –

ein kleiner Fleck Schnee liegt in dunkler Kuhle –
die Bergspitzen sind so nah, daß du meinst, sie fassen zu können –
*ganz ruhig ist es –*
*ganz ruhig bist du –*
nur das sanfte Rauschen der Luft begleitet dich –
*dein Atem geht ganz ruhig und gleichmäßig –*
*ruhig bist du und ganz entspannt –*
du schwebst – du bist ganz leicht –
*Ruhe ist in dir – eine große Ruhe –*

es wird Abend – Dämmerung zieht herauf –
es wird Zeit, wieder auf die Erde zu kommen –

du suchst dir einen Platz, auf dem du landen willst –
dann schwebst du langsam, sacht nach unten –
du bist wieder auf der Erde – *du fühlst dich wohl –*
*du bist ganz ruhig und entspannt –*

*Unter Wasser schwimmen*

Du bist an einem Strand einer kleinen, grünen Insel –
weit weg von deinem Alltag –
*Ruhe, Stille um dich herum – in dir –*

das Wasser schimmert verlockend vor dir –
es ist warm, es zieht dich zum Wasser hin –
du gleitest hinein ins Wasser –

wie durch einen Zauber fühlst du dich schwerelos –
du kannst schwimmen – tauchen wie ein Fisch –
*warm ist das Wasser – ganz warm –*

sacht gleitest du tiefer –
du schwimmst wie ein Fisch – sicher und leicht –
*du fühlst dich leicht und wohl und sicher –*
*um dich herum ist Stille –*

du spürst das Wasser, wie es sich um deinen Körper leicht bewegt –

Fische sind dir ganz nah –
Schwärme von bunten, schillernden Fischen –
viele Formen und Farben –
du siehst Korallenbäume, grüne Pflanzen, Algen –
du tauchst bis zum Grund –
du siehst so vieles –

du fühlst dich leicht und lebendig –
du gleitest, schaust und schaust –

langsam gleitest du wieder nach oben –
Helligkeit schimmert über dir –
du siehst ein Boot –
du schwingst dich hinein – liegst auf dem Boden –
auf dem Boden aus Holz *liegst du schwer, warm und gelöst –*
*dein Atem geht ruhig –*
*du bist ganz ruhig und entspannt –*

## *Drachenfliegen*

Du stehst auf einem hohen Berg –
du siehst weit ins Land –
dein Blick verliert sich fast am Horizont –

es sind noch viele Berge und Hügel ringsherum –
so viel Formen und Farben –

dein Blick wird gefesselt von einem seltsamen Gebilde –
du gehst näher –
siehst bunte Flügel an Eisenstangen –
ein Drachenflieger oder -segler –

du bist neugierig –
du läßt dich im Gestänge dort nieder –
bist festverbunden und fühlst dich sicher –
nun läufst du los – hebst ab –
du gleitest langsam durch die Luft –
die Luft rauscht um deinen Körper –
berauschend fast ist das Gefühl –
du schwebst – nein – du fliegst –
du segelst ohne Angst durch den Raum –
du bist ganz frei und hoch über allem –
es ist ganz unbeschreiblich –

*du fühlst dich wohl –*
*eine tiefe Ruhe ist in dir –*
*nichts, nichts belastet dich –*
*du bist frei –*

du schaust und schaust und schaust –
dein Blick wird nirgends festgehalten –
er ist losgelöst von all der Enge sonst –

*du bist ganz ruhig und entspannt –*
*eine große Ruhe ist in dir –*

## *Inselerlebnis*

Du bist auf dem Meer – weit weg von deinem Alltag –

Ferienstimmung? Abenteuerstimmung?
Erwartung? Hoffnung?

du bist auf einem schönen, alten Schiff –
schwer und behäbig liegt es auf dem Meer –
gebaut in einer andren Zeit –

viel dunkles, blankes Holz –
blankgeputztes Kupfer – Messing –
helle Taue und Seile – fest gespannt –
blanker, brauner, hoher Mast –
verblichene Segel – sie blähen sich leicht im Wind –
Holzplanken, von Seewasser überspült –
Himmel – Sonne –

*du bist ruhig, gelöst und fühlst dich wohl –*

du stehst an der Reeling und schaust aufs Meer –
die Wellen tanzen auf und ab – auf und ab –
*du spürst deinen Atem – ruhig und gleichmäßig –*
er hat den gleichen Rhythmus wie das Meer –
*auf und ab – gleich ein und aus –*
*Schwere – Wärme – Ruhe durchströmt deinen Körper – dich –*

das Meer ist grün – blau und schimmernd –
hin und wieder ein wenig gekräuselter Schaum –
kleine Kronen – sie tanzen wie kleine Wolken auf dem Meer –
du riechst den herben Geruch des Wassers –
die Wellen schlagen mit glucksenden Geräuschen an den
hölzernen Rumpf des Schiffes –
platsch – platsch – platsch – *Ruhe – Ruhe – Ruhe –*

*du fühlst die Sonne auf deinen Händen, Armen –*
*auf deinem Nacken, deinen Schultern –*
*auch auf deinen Füßen und Beinen fühlst du sie –*
*warm ist dir – ganz wohlig warm –*

vor dir – weit voraus – ist eine Insel –
du willst dort hin –
bist neugierig und gespannt –

du steigst in das kleine Beiboot – ruderst hinüber –
es scheint so fern –
das Meer ist ruhig –
wie ein glänzender Spiegel – ruhig und glatt –
die Insel kommt dir näher – braun und grün –
du legst am Ufer an – steigst aus – vertäust dein Boot –

*du fühlst den Sand unter deinen Füßen – warm und weich –*
*die Zehen wühlen sich in diesen weichen, warmen Sand –*
ein weiter, heller, sanft verlaufender Strand liegt vor dir –
du läufst fröhlich wie ein Kind –
die Haare flattern dir ins Gesicht –
du schmeckst das Salz des Meeres auf deiner Zunge –
du hörst die Wellen schlagen – rauschen – auf und ab –
*du atmest ruhig – ein und aus – ein und aus –*

die Insel ist grün und blühend –
Büsche, Strauchwerk, Palmen, Blumen, Blüten, Düfte –
Summen der Bienen – Vögel rufen, warnen –
Schmetterlinge, ganz riesiggroße, schaukeln in warmer Luft –
*du läufst und fühlst dich gut –*
*du legst dich in den weichen, warmen Sand –*
*du fühlst dich schwer, warm, ruhig und entspannt –*
du träumst ein wenig –

du siehst eine kleine Lichtung auf der Insel –
umringt von hohen, sich wiegenden Palmen, dichten Büschen –
kleine Hütten, offen, stehen im Rund –
Kinder spielen, Hunde balgen sich, graue Vögel stolzieren umher –
Frauen sitzen am Feuer – bereiten ein Mahl –
duftende Kräuter, würziges Fleisch, frischer Duft von Brot –
Männer sitzen im Kreis und palavern –
sie alle planen ein Fest –

sie sind fröhlich, lachen, rufen sich freundliche Worte zu –

langsam sinkt die Sonne hinter den Bäumen –
Trommeln hörst du und helle, klagende Instrumente –
Feuer werden angezündet –
die Frauen stehen auf –
ihre bunten, flatternden Gewänder begleiten ihren Tanz –
sie tanzen so fröhlich –
die Männer und Kinder schauen zu –
sie bilden einen Reigen – tanzen alle zusammen –

*du fühlst dich wohl –*
*du bist ruhig, gelöst und entspannt –*
*eine große Ruhe durchströmt dich –*

*Erinnerung*

Du stehst in Mutters Stube –
du siehst den Schrank, den Tisch, den Stuhl,
den Spiegel an der Wand –
die Lampe, das Fenster ist offen, der Vorhang weht –

es ist ein Sommertag, *hell und warm* –
*du spürst die Wärme auch in dir* –

du kniest vor einem Korb, in dem viele Kleider sind –
du wählst dir eins aus – und ziehst es dir an –
du siehst dich im Spiegel –
du drehst dich im Kreis herum –
du hörst Musik und tanzt, ganz langsam noch –
dann schneller, fröhlich –
*dir ist so wohl – du fühlst dich wohl* –

Erinnerungen wehen dich an –
du läßt's geschehen –

*Du bist ganz ruhig, gelöst, entspannt* –

## *In einer alten Burg*

Es ist ein warmer Sommertag –
du bist im Hof einer alten Burg –

vor dir ein eisernes Tor – ziemlich verrostet, dunkel –
du gehst durchs Tor –
ein nächster Hof –
fast mehr ein Garten –
das mugelige Pflaster überwachsen mit Gras –
Rasen und Bäume –
um die dicke Linde ist eine Bank –
du setzt sich darauf –
*du bist angenehm müde – schwer und warm –*
du schaust dich um –

Efeu umrankt den runden, hohen Turm,
er ist alt – wie vergessen aus einer anderen Zeit –
der Kamin ragt offen in den Himmel –
du siehst die Feuerspuren, schwarz –
als sei das Feuer gerade erst gelöscht –

die Fensterrahmen sind fein gemeißelt – ohne Glas –
die Mauern stehen noch trutzig da –
so vieles haben sie gesehen, überdauert –
Himmel fällt in die offene Burg hinein –

doch nun wird's dunkler –
der Himmel ist weg –
die Burg hat ein Dach der Kamin raucht
Leute, fremdgekleidet – sind um dich herum –
sie scheinen dich nicht zu sehen –
Pferde stehen geschirrt und warten –
Wagen werden beladen –
geschäftig eilen alle hin und her –
sie haben ihre eigene Ordnung mit all ihrem Tun –

du siehst einen Ritter, die Rüstung blank und schwer –
er geht zum Pferd –

man hilft ihm rauf –
das Tor öffnet sich – er reitet langsam hinaus –

Kinder spielen mit Ball und Reifen –
ein Hund kläfft –
die Katze rennt einem Huhn nach –
Frauen stehen am Brunnen –
sie füllen Gefäße mit Wasser – schwere Krüge –
Frauen ringen Wäsche aus – hängen sie auf Leinen –

ein quietschendes Schwein wird reingetrieben –
es verschwindet im Stall –
sein Quietschen dringt durch die Tür –
das tiefe Muhen der Kühe hörst du –

alles scheint seine Ordnung zu haben –

*Ruhe ist dort –*
*du bist ruhig, gelöst, entspannt –*
*du fühlst dich wohl und ruhig –*
*dein Atem geht ruhig und gleichmäßig –*
*du bist ganz ruhig und entspannt –*

## *Fliegender Teppich*

Du fliegst auf den Flügeln deiner Phantasie –
du bist in einer orientalischen Stadt in fernem Land –
du stehst in den Straßen, Gäßchen der Bazare –
Menschen um dich herum –

Geräusche und exotische Gerüche –

bunte Gewänder hängen an Buden aus Holz –
Silber – Gold – Kupferkannen – Tabletts – Teppiche –
Backwaren, sehr süße – Nüsse – Obst – Gewürze –
Fleisch, um das die Fliegen schwirren –
Männer, die Schuhe flicken – Kleider nähen –
Leder stanzen – Metall behauen –
Köpfe rasieren – Bärte stutzen –
Garküchen, vor denen sich die Menschen drängen –
kleine Hocker, auf denen Männer sitzen –
Wasserpfeifen rauchen – Tee schlürfen –
magere Ziegen werden durch die Gassen getrieben –
Kinder rennen durch die Gassen, schubsen, stoßen Menschen
an –
sie lachen – lumpig und fröhlich –

du gehst weiter –

du kommst zu einem verschwiegenen Palastgarten –
Blüten, Büsche, Palmen –
Vögel zwitschern –
Wasser rauscht in marmornen Brunnen –
von weitem ein Minarett – der Muezzin ruft zum Gebet –
schrill klingt es und klagend –

*du fühlst Sonne – Wärme –*
*du fühlst dich wohl –*

auf dem Rasen liegt ein bunter Teppich –
du setzt dich darauf – er hebt ganz sacht vom Boden ab –
er schwebt – er schwebt immer höher –

über den Bazar mit seinen Buden, die Häuser und Paläste –
über die Moschee mit ihrem Turm –
den Palast des Sultans mit dem Serail –
die Menschen siehst du immer kleiner werden –
die Geräusche all des Treibens verschwinden –
*Ruhe umgibt dich – große Ruhe –*
*schwer bist du auf deinem Teppich – schwer und warm –*
*du bist ruhig, gelöst, entspannt –*

du fliegst – du fliegst ganz langsam – schwebend –
über dir der strahlende Himmel –
Wolken? Sonne?

du überfliegst die Stadt mit all der Enge –
der Rauch, der aus Kaminen kommt, weht wie Fahnen
zum Himmel –
graue, sich windende Fahnen –

du siehst das Meer – schimmernd und blitzend –
die Wellen sind mit kleinen Schaumkronen verziert –
sie tanzen auf dem Wasser –
Boote ziehen langsam, stetig dahin –

du fliegst über Dörfer, Land, Meer und grüne Oasen –

*du bist ruhig – ganz ruhig und entspannt –*
*Ruhe durchströmt dich –*
*du bist ganz ruhig, gelöst und entspannt –*

## *Der gläserne Schmetterling*

Nach einer langen Wanderung durch einen Wald –
durch Tannen, Buchen und helle Lärchen –
durch Büsche, auf kleinsten Pfaden,
  bist du zur Rast auf einer kleinen Lichtung –
hohes Gras, blühender Holunder
  duftend um dich herum –
du legst dich hin, um auszuruhen –
*ganz schwer sind deine Glieder –*
*du bist ganz schwer und gelöst –*
*du bist ruhig und entspannt –*

dein träger Blick trifft auf eine Raupe,
  die am Boden sich schlängelnd vorwärts bewegt –
sie ist ganz pelzig, grau und nicht sehr schön –
du schaust sie an –

plötzlich gerät sie in Bewegung –
etwas verändert sich –
Flügel wachsen ihr heraus –
gläsern in zartem Bunt –
groß und schimmernd –

die Raupe verwandelt sich in einen Schmetterling aus Glas –
ganz groß wird er, wie aus tropischen Ländern –
er ist so schön – so unbeschreiblich schön –
zart bewegen sich die Flügel –
ein leichtes Zittern geht durch den schlanken Leib –

er fliegt, zunächst noch zögernd –
macht einen großen Bogen – zieht höher –
langsam entschwebt er in das Blau der Luft – des Himmels –
welch ein Zauber – *du bist ganz still –*
*du bist ganz ruhig und gelöst –*
*du fühlst dich wohl –*
*du bist ganz ruhig und vollkommen entspannt –*

Du sitzt auf einer Bank im Park –
Grün und Blumen um dich herum –
Vögel singen –
ein Eichhörnchen hopst auf dem sandigen Weg –
ein kleiner Teich liegt vor dir –
gespeist aus einer sprudelnden Quelle –
Seerosen, weiß und gelb, schaukeln auf ihren großen Blättern,
die fleischig dunkelgrün wie Teller liegen –
ein Schwan mit langem, schlankem Hals bewegt sich
gravitätisch –
*über allem liegt eine große Ruhe –*
*in dir ist diese große Ruhe –*
*du bist ganz ruhig und entspannt –*

dein Blick ruht an den Ästen eines Busches –
du denkst, es sind Früchte, die daran hängen –
doch nein, es sind Tautropfen wie gläserne Kugeln tausend
Kugeln aus Kristall –
die Sonne zaubert Regenbogenfarben –
die Kugeln funkeln – schimmern –
du siehst in eine hinein –
du siehst ein Schloß mit vielen Zinnen –
eine Brücke über einem Wassergraben –
Schutz und Stätte der vielen Enten –
das Schloß ist prächtig – und sehr alt –
das eisenbeschlagene Tor öffnet sich wie von Zauberhand –
du gehst hinein –

durch Höfe – Höfe mit Brunnen –
du gehst durch die Tür aus Walnußholz ins Schloß hinein –
gewundene Treppen – schmiedeeisern, schwingen sich
hinauf –
du steigst hinauf und stehst in einem großen Saal –
viele Bilder hängen an Wänden, die beschlagen sind mit rotem
Samt –
ein goldener Thron steht an der schmalen Seite –
Lüster an den Wänden ringsumher –

dicke Kerzen spenden sanftes Licht –
eine Fee sitzt stolz auf ihrem Thron –
sie lächelt dich gütig an –
sie ist ganz prachtvoll gekleidet –
ihre Krone funkelt im Kerzenschein –
sie fragt dich nach deinem Wunsch –
du sagst: »ich wünsche mir Kraft und Stärke,
die mich bezwingen lassen das wilde Tier, das Leben heißt« –
sie sagt: »du hast die Kraft – sie ist in dir –
geh zurück in deinen Alltag und vertrau darauf,
auf deine Kraft« –

du gehst zurück – aus diesem Schloß –
du fühlst dich frei und stark –
ganz sicher bist du – zuversichtlich –
du glaubst daran, an deine Kraft –
es ist ein gutes Gefühl, diese Kraft zu spüren –
du bist ganz sicher, du weißt es, du hast die Kraft –

*du bist ganz ruhig, gelöst, entspannt –*

## *Kugel am Baum*

An einem großen, alten Baum hängt ein rundes Etwas –
es ist dick, prall und glänzend –
ich seh' es deutlich –
doch weiß ich nicht so recht, was es wirklich ist –
ist es die Frucht des Baums? ein Nest?
ich schau's mir an und denk' darüber nach –

mir fällt so auf, daß meine Sorgen wie eine Kugel
   fest und verschlossen in mir sind –
es ist so viel, was mich bedrückt –
es kommt zusammen zu einer Kugel –
glatt und unangreifbar – geschlossen – verschlossen –
ich seh' die Kugel an dem Baum und seh' ...

es bewegt sich was –
die Kugel kommt in Bewegung –
sie scheint sich auszudehnen – zu wachsen –
und plötzlich geht ein Riß durch ihre Hülle –
sie platzt – etwas wie Dampf entweicht –
sie fällt in viele Stücke –
und an der Stelle, an der die Kugel saß,
   wächst eine Blüte – prächtig schön –
sie öffnet sich ganz langsam –
sie ist sehr schön – ein wenig fremd –
je mehr ich schau, so vertrauter wird sie mir –

ich fühl' in meiner Brust den Druck verschwinden –
meine Kugel springt auf –
sie platzt vielleicht –
an ihrer Stelle wird was Neues wachsen –

ich bin ganz sicher – zuversichtlich –
ich glaub' daran –
*ich bin jetzt ruhig und gelöst –*
*ich bin ganz ruhig und vollkommen entspannt –*

Du bist in einem Wald –

hohe, schlanke Bäume, wie Säulen eines Domes –
glatte Stämme, dichte Kronen aus Laub wie ein Dach über dir –
deine Füße spüren den Waldboden, wohltuend, schwingend –
wie anders ist das Laufen hier –
kein Beton, Asphalt und Stein –
dort sind Füße müde – hier sind sie lebendig warm –
du läufst über Erde, Moos und Gras –
du läufst, läufst und fühlst dich wohl –

du riechst den Duft des Waldes –
*Ruhe umgibt dich* –

das Laufen hier ist eine Lust –
du möchtest schreien vor Freude und Wohlbehagen –
dein Weg endet an einem Dickicht –
ein schmaler Weg windet sich durch das Grün –
du fühlst dich mutig – du willst da durch –
nun bist du inmitten von Laub und Ästen, Blättern –
Geruch – Geräusche –

du schlängelst dich durchs Geäst –
Blätter streifen dich – dein Gesicht –
wann hört es auf?

bald ist das dunkle Grün zu Ende –
du stehst auf einem moosigen Pfad –
nach ein paar Schritten siehst du ein Wasser vor dir liegen –
still und unbeweglich liegt es da –
ein großes Auge –

es lockt dich an –
du fühlst dich wie gezogen von einer unsichtbaren Schnur –
du hast's erreicht –

stehst am Rand und läßt dich auf weiches Gras fallen –
es ist noch warm von der Sonne des Tages –

du schaust aufs Wasser –
*Ruhe – Ruhe fühlst du –*

die Spiegelglätte bewegt sich –
es brodelt wie kochendes Wasser –
es steigt etwas auf –
es ist eine Blume –
du siehst ihr strahlendes Blau –
sie wächst aus dem Wasser wie eine Fontäne –
ein schlanker Stil, an dem sich locker Blätter ranken –
die Blüte öffnet sich ganz langsam, in Zeitlupentempo –

sie hat ein tiefes Blau – eingefangenes Blau des Himmels –
ob es die blaue Blume aus deinen Kindermärchen ist?
wolltest du sie nicht immer schon erleben,
  diese blaue Blume –
ein Geheimnis, Einsicht, Wissen, Wunder?
du glaubst an deinen Traum –
du hast sie gesehen, die blaue Blume –

*du bist ganz ruhig –*
*dein Atem geht ruhig –*
*du bist ganz ruhig, gelöst und entspannt –*

## *Zauberbaum*

Du siehst einen Baum vor dir,
  einen großen, weitausladenden Baum –
seine Äste sind breit –
ausgestreckt nach allen Seiten –
Blätter, grüne, viele, viele –

er steht ganz fest –
seine Wurzeln stecken tief und fest in der Erde –

seine Rinde ist rissig – braun –
die Blätter bewegen sich leicht im Wind –
es ist, als ob sie tanzen im Wind –
nach der Melodie des Windes –
der Wind singt ein Lied – der Baum versteht es –
du kannst es hören –

die Krone des Baumes ist wie ein grünes Gewölbe über dir –
ein wenig Blau schimmert durch die Äste –
Himmel, er ist blau – silbern –
buntschillernde Vögel schwingen sich durch die Äste –
Bienen, Schmetterlinge fliegen umher –
Gedanken und Wünsche umkreisen den Baum –
deine Gedanken und Wünsche –
sie flattern wie Fledermäuse um den Zauberbaum –

Eine Stimme tönt aus dem Baum
  »in mir ist soviel Kraft, hol sie dir, greif sie dir« –
du greifst danach –
du hast sie nun in deinen Händen –
du hältst sie fest –
du verstehst – begreifst –
vielleicht ist es der Schlüssel zu deinem Problem,
  du hast ihn in deiner Hand –

du bist ganz ruhig und zuversichtlich –
du bist voll Mut und Kraft –
du schaffst es!
du mußt bereit sein – mutig sein –

*du bist ganz ruhig – gelöst – entspannt –*
*eine große Ruhe ist in dir – Frieden –*
du weißt, du schaffst es –
*Ruhe – tiefe Ruhe ist in dir –*

## *Sternenfahrt*

Auf den Flügeln deiner Phantasie machst du die schönsten Reisen –

du fliegst dem Himmel entgegen –
nachtblauer Himmel ist über dir –
kleine Wolken zwischen diesem Blau-dunkel –

Sterne, immer mehr Sterne siehst du –
tausend, viele tausend Sterne –
ganz klein sind sie, winzig klein –
wie Lichtpünktchen, die flimmern –
du schaust gebannt auf diese Punkte –

sie werden größer, scheinen zu wachsen –
jetzt erkennst du sie als Sterne –
du siehst die Farben, sehr viele Farben –
rot – gelb – grün – blau – lila und noch mehr –
viele Farben, schöne leuchtende Farben –
sie leuchten klar und hell –
du magst mal die, mal jene –

du setzt dich in dein Traumboot und schwebst den Sternen zu –
der Himmel ist noch weit –

du kommst ihm näher –
die Sterne sind jetzt klar und groß –
ganz nah bist du –
inmitten von Nachtblau –
*schwer – warm – ruhig – und entspannt –*
*wie eingebettet in dieses Nachtblau bist du –*
um dich herum die blitzenden, leuchtenden, funkelnden Sterne –
ihr durchscheinendes Hell macht dich ganz fröhlich, heiter –

du schwebst von Stern zu Stern –

*du fühlst dich wohl –*
eine unendliche Weite und Ruhe umgibt dich –

*die Ruhe ist in dir –*
*du bist so ruhig und gelöst –*
*du bist ganz ruhig und entspannt –*

## *Mutprobe*

Du bist in einem Dschungel –
weit weg von deinem Zuhause –
*Wärme umgibt dich – warm wird dir – du bist warm –*

dunkles Grün vor dir –
Büsche, Bäume, von Lianen umrankt –
Blumen, Orchideen, bunt und duftend –
Geräusche – ganz viele nimmst du wahr –
Schwirren von vielen Mücken um dich herum –
das Grün wird dichter

du mußt da durch –
dunkel ist es –
*du spürst deinen Atem –*
*du atmest ruhig ein und aus – ein und aus –*

du mußt weiter –
das Grün wird immer dichter –
du bist wie umschlungen –
es streift deinen Arm, dein Gesicht –
an deinen Beinen spürst du Laub –

es ist eng –

du siehst nicht, wo es endet –
du weißt nicht, wo es endet –
es muß aber enden – du weißt es –
du mußt da durch –
du windest dich durch –
wie fühlst du dich?

das Dunkel wird lichter –
das Dunkel schwindet –
Helle nun –
Licht und Luft umgeben dich wieder –

du bist frei – du fühlst dich frei –
Weite liegt vor dir –
Helle und Leben –
du hast's geschafft –
du fühlst dich frei – ganz frei –

*Ruhe durchströmt dich –*
*du atmest ruhig – bist gelöst und ganz entspannt –*

## *Angst – das große Tier*

Du stellst dir ein Tier vor –
irgendein schreckliches, abscheuliches Tier –
du läßt es wachsen –

es wird immer größer und größer –
es wird ganz riesig groß –
größer kann es nicht mehr werden –

nun läßt du es wieder kleiner werden –
ganz klein, noch kleiner, winzig klein –
kleiner kann es nicht mehr werden –

du nimmst es auf deine Hand und beschaust es dir –

du schaust es ganz genau an –

jetzt läßt du es wieder wachsen, ein bißchen nur –
in eine Größe, mit der du umgehen kannst –
vielleicht kannst du jetzt mit ihm spielen –

du fühlst dich gut –
du bist ruhig, gelöst, entspannt –
dein Atem geht ganz ruhig und gleichmäßig –
du bist ganz ruhig und entspannt –

*Erde*

Du liegst ganz flach und fest auf der Erde –
*sie ist sommerwarm – du fühlst die Wärme –*

das Gras ist wie eine Decke – zart und duftend –
du fühlst deinen Körper –

du drehst vielleicht dein Gesicht zur Erde –
Ströme fließen von ihr zu dir –
sie geben dir Kraft und Ruhe –
du fühlst dich stark –
laß die Kraft der Erde in dich eindringen –

*Ruhe – unendliche Ruhe spürst du in dir –*
*du bist ruhig, gelöst und ganz entspannt –*

## *Spiegelbild*

Du siehst vor dir einen Spiegel –

zuerst ist es nur ein flüchtiger Blick –
dann wirst du neugierig –
du willst dich sehen – ganz dicht am Spiegel –
du sitzt auf deinem Stuhl davor –
beugst dein Gesicht zum Spiegel hin –
du siehst dich an –

du bist erstaunt – dich so zu sehen –
deine Augen fragen –
der Blick ist zweifelnd –
was willst du?
wer bist du, scheint er zu fragen –
du willst dich sehen –
lang schaust du in deine Augen –

die Kontur verschwimmt –

du schaust und schaust –
*dein Atem geht ruhig ein und aus – ein und aus –*

die Nase fällt dir auf –
nie sahst du ihren Bogen so genau –
du betrachtest Wangen, Stirn und deinen Mund –

dein Blick zieht wie ein Stift die Konturen nach –
du fühlst deinen Mund –

du siehst dein Kinn –
dein Blick umwandert dein Gesicht –
ganz langsam, fast in Zeitlupentempo –
du nimmst dir Zeit mit dem Erforschen deines Gesichts –

dein Hals, dein Haar –
der Hals ist glatt –

du siehst die Ader pochen –
*du bist ganz ruhig –*

wie fühlst du dich auf deiner Reise durch dein Gesicht?

dein Ich –
du bist – du bist du –
*du bist ganz ruhig, gelöst und ganz entspannt –*

## *Sterne*

Sind Sterne nur leuchtende Punkte?
verbirgt sich Licht und Leben in ihnen?
sie sind so weit, unendlich weit –

ich kann euch nicht berühren –
ich möcht' einen Stern –
für mich allein –
keiner soll ihn sehen – keiner ihn berühren –
ich steck' ihn ganz tief in meine Truhe –
bin ich traurig oder fröhlich, hol' ich ihn heraus –
sein Strahlen hüllt mich ein –
er gibt mir Ruhe und viel Kraft –
*Ruhe – Ruhe – Ruhe –*

## *Gedanken*

So viele Gedanken schwirren wie dicke, aufdringliche Fliegen
in meinem Kopf –
Ich will sie verscheuchen –

Nur einige bunte, samtenen Schmetterlingen gleich,
voll Blütenduft behalten –

sie lassen sich nicht fangen –
faßt man sie an, mit zarten Fingern nur –
sie müssen sterben –
könnt' ich all die schönen Träume einfangen
mit einem Netz – aus dem die traurigen alle herausfallen –
sie fliegen davon und lassen mich nur ahnen,
was Glück sein könnte –

*Ruhe – Ruhe – Ruhe – wird mich durchströmen –*

*Kinderglück*

Du erinnerst dich an einen Geburtstag –
du siehst wieder alles vor dir, wie es war –

Kinder, mit denen du so gerne spieltest –
sie bringen ihre kleinen Geschenke –
die Mutter steht ganz feierlich gekleidet –
die Torte, du bist fast atemlos vor Glück –
die Kerzen brennen, du darfst sie ausblasen –
vielleicht hilft dir ein Freund dabei –

Musik und gute Laune ist im Haus –
Musik und Kinderlachen –
Es ist so unbeschwert – kein Schatten trübt dies
Kinderglück –

## *Sehnsucht*

Du liegst so wohlig entspannt –
du denkst an einen Menschen, der dir viel bedeutet,
den du magst –

du siehst ihn vor dir –
du schaust ihn an – du siehst ihn ganz genau –
sein Gesicht –
seine Augen –
die Nase und der Mund –

du magst seine Haare –
du liebst sein Lächeln – es gilt dir –
du siehst die Zärtlichkeit auf seinem Gesicht –
du siehst ihn so nah, als stünde er vor dir –
es macht dich froh, ihn so zu sehen –
er ist dir nah – du spürst ihn förmlich –
du magst seine Hände, die dich streicheln –
du bist glücklich und träumst deinen Traum vom Glück –

Else Müller

**Der Klang der Bilder**
Phantasiereisen mit Klangschalen
Band 14703

**Du fühlst die Wunder nur in dir**
Autogenes Training in Naturimpressionen und Alltagsbeobachtungen
Band 11692

**Du spürst unter deinen Füßen das Gras**
Autogenes Training in Phantasie- und Märchenreisen
Vorlesegeschichten
Band 3325

**Auf der Silberlichtstraße des Mondes**
Autogenes Training mit Märchen zum Entspannen und Träumen
Band 3363

**Wege in der Wintersonne**
Autogenes Training in Reiseimpressionen
Band 11354

**Inseln der Ruhe**
Ein neuer Weg zum Autogenen Training für Kinder und Erwachsene
Band 12274

**Wenn der Wind über Traumwiesen weht**
Die schönsten Phantasiereisen, Märchen und Meditationen
Band 15214

Fischer Taschenbuch Verlag

fi 555 022 / 2

Else Müller

**Wege in der Wintersonne**

Autogenes Training in Reiseimpressionen

Band 11354

Mit malerischen Beschreibungen von Landschaften und Kulturstätten sowohl verschiedener Urlaubsländer als auch Deutschlands bietet dieses Buch durch die Einbindung von Autogenem Training die Möglichkeit zur Entspannung, zur Abkehr vom hektischen Alltag.

Diese Reisebeschreibungen eignen sich zum Selberlesen und als Vorlesegeschichten, für jüngere und ältere Menschen, für alle Jahreszeiten und Stimmungen. Sie regen die Phantasie an und bereichern so den Fluß eigener innerer Bilder.

Das Sichversenken in diese Reiseeindrücke hilft dabei, die Sinne für eine Weile von der Alltagswelt abzuziehen und zu tiefer Ruhe zu kommen. Die reiche Bildersprache und die bewußt eingesetzten Elemente des Autogenen Trainings tragen dazu bei, Spannungen und Streß nahezu spielerisch abzubauen. Auch als Erinnerung an die eigenen Reisen des Lesers sowie als Anregung zum Träumen können die Texte positive Stimmungen erzeugen, die zur Entspannung beitragen.

Fischer Taschenbuch Verlag

fi 98 / 4